Modèles de contrats commerciaux

Anglais - Français

Éditions d'Organisation
Groupe Eyrolles
61, Bd Saint-Germain
75240 Paris Cedex 05
www.editions-organisation.com
www.editions-eyrolles.com

ISBN : 978-2-212-53869-4

Olivier d'Auzon

Modèles de contrats commerciaux

Anglais - Français

Deuxième édition 2007

EYROLLES
Éditions d'Organisation

L'anglais chez le même éditeur

- *Transport logistique, lexique français-anglais/anglais-français*, P. J.-P. Bouyer et B. Mc Cormick
- *Your CV in english*, M. Hurt, S. Hurt
- *Intervenir dans une réunion commerciale en anglais comme en français*, édition bilingue, B. Lapeyre
- *Téléphoner en anglais – Phoning in english*, P. Levanti et J. Studer-Laurens
- *Préparer et réussir le TOEFL iBT*, S. Marko-Michel et C. Caillat
- *Préparer et réussir le TOEIC*, S. Marko-Michel et C. Caillat
- *Préparer et réussir le GMAT*, S. Marko-Michel et C. Caillat
- *Don't speak english, Parlez globish*, J.-P. Nerrière
- *Découvrez le globish, L'anglais allégé en 26 étapes*, J.-P. Nerrière, P. Dufresne, J. Bourgon
- *Correspondance commerciale français-anglais*, U. Schoenwald
- *Guide pratique pour rédiger en anglais*, P. Tracy-Danison

Du même auteur

- *Le contrat de distribution internationale*, Éditions Francis Lefebvre, 2003.
- *Le droit du commerce électronique*, Éditions du Puits Fleuri, 2004.
- *Parcs de loisirs, activités touristiques : les règles du jeu*, Éditions du Puits Fleuri, 2004 (co-écrit avec Jean-Philippe d'Auzon).

À mes parents

À Bérengère, Marie, Noémie et Rémy

Remerciements à Thierry d'Auzon
et à Maître Yves Laurin

Sommaire

Avant-propos

Dans un monde très largement structuré par les échanges, la mondialisation de l'économie, le développement et à l'action des groupes transnationaux de sociétés, il n'est guère besoin d'insister sur l'importance des contrats internationaux.

Parmi les principaux contrats internationaux, il faut naturellement faire une large place à la vente qui est l'opération la plus courante. Il faut tenir compte en même temps du transport car la vente internationale s'accompagne nécessairement d'un transport. D'autres contrats méritent qu'on s'y attarde tels que les contrats de transfert de licence, les contrats de distribution commerciale, les contrats de Joint venture, de prestation de services…, mais aussi les contrats liés à l'audiovisuel et à Internet.

Cet ouvrage, qui propose des formulaires types en anglais et en français, a pour objet d'attirer l'attention du lecteur sur les clauses essentielles devant figurer dans le contrat, ainsi que les règles devant être respectées.

Afin d'appréhender ces contrats dans leur globalité, la première partie rappellera leur régime juridique et les règles fondamentales ayant vocation à s'appliquer dans ses relations contractuelles. La seconde partie, plus pratique, propose des formulaires de contrats types précédés d'une brève introduction de chaque type de contrat.

L'intérêt principal de cet ouvrage réside dans la proposition de modèles de contrats, prêts à l'emploi. Mais attention il ne peut s'agir que d'un prêt-à-porter juridique ! Est-ce suffisant ? Votre entreprise, eu égard aux investissements et aux enjeux financiers qu'implique toute action commerciale, mérite certainement de la haute couture... Aussi, nous ne saurions trop vous recommander de consulter un avocat, chaque fois que vous aurez un doute.

Première partie

LE RÉGIME JURIDIQUE DES CONTRATS INTERNATIONAUX

Chapitre 1

Loi applicable au contrat

S'agissant des contrats internationaux, certains auteurs invoquent volontiers le contrat sans loi, en anglais « *self regulatory contract* », affirmant que le contrat ne peut être soumis qu'à ses propres dispositions, indépendamment de toute loi. Pour d'autres auteurs, cette référence aux usages du commerce international (la *Lex Mercatoria*) doit se comprendre comme l'incorporation de ces usages dans le droit national des contrats internationaux. Il est couramment admis que les parties à un tel contrat ont un degré important de liberté dans le choix de la loi applicable. En particulier, les parties peuvent soumettre le contrat à un droit n'ayant aucun lien avec l'un quelconque des éléments de leur relation contractuelle, ou peuvent aussi soumettre leur contrat à plusieurs droits.

1 Rattachement à un ordre juridique national

Tout contrat peut être rattaché à un ordre juridique national appelé à compléter les aspects contractuels chaque fois que la convention n'a pas pris soin de définir les solutions aux conflits qu'elle ferait naître.

1.1 Loi d'autonomie de la volonté

Le contrat national est naturellement soumis au droit dont relèvent les parties.

Le contrat international jouit du privilège de pouvoir être gouverné par le droit choisi par les parties en vertu du principe dit *loi d'autonomie de la volonté*. Ce principe a été dégagé dans un arrêt célèbre de la Cour de cassation du 5 décembre 1910. Le choix de la loi applicable peut être fait tacitement ou expressément par les parties.

1.2 Loi d'autonomie et ordre public

La liberté de choix dont bénéficient les opérateurs internationaux quant à la loi applicable à leurs rapports est toutefois limitée par les exigences de l'ordre juridique auxquels ils entendent se référer. Chaque État dispose en effet d'une disposition légale semblable à celle du code civil, qui énonce (art. 6) : *« On ne peut déroger, par des conventions particulières, aux lois qui intéressent l'ordre public et les bonnes mœurs. »*

En pratique les dispositions légales d'ordre public sont contenues dans les lois que le législateur, et plus généralement encore les juges nationaux, considèrent comme s'imposant impérativement aux particuliers : soit une nullité relative, si la protection accordée ne vise qu'une catégorie déterminée de bénéficiaires ; soit une nullité absolue, c'est-à-dire pouvant entre invoquée par tout intéressé, lorsque la protection entend couvrir la société dans son ensemble.

1.3 Choix de la loi applicable

Quelle loi faut-il appliquer ?

- Celle du pays du vendeur (ou de la partie économique la plus forte) ? Cette solution est sans doute confortable pour cette partie, car elle est censée maîtriser les lois de son propre pays. Mais elle n'est pas intéressante à coup sûr pour elle, dans le cas particulier des contrats d'agence et de concession exclusive.

Ainsi, le vendeur français qui imposerait le code civil doit savoir qu'il sera soumis aux rigueurs de celui-ci, par exemple, en matière de vices cachés.

Dans le cas de contrats de distribution, le choix de la loi nationale du producteur ne le met pas infailliblement à l'abri de l'application de la loi du pays de son cocontractant, si le tribunal saisi estime que celle-ci doit s'appliquer impérativement ;

- La loi du pays de l'acheteur ou de l'intermédiaire commercial ? La solution peut être bonne pour le vendeur ou le producteur dans le cas où les lois du pays en question lui seraient plus favorables ;
- La loi d'un pays tiers ? Solution résiduaire, si chaque partie s'accroche à sa loi nationale, mais qui commande au préalable :
  - Qu'il soit légalement possible de recourir à une loi sans rapport avec le contrat, ce qui n'est pas toujours le cas,
  - Que l'on soit bien au courant du contenu de cette loi, sinon le risque de son ignorance peut dépasser celui que l'on cherche à éviter.

1.4 Modification de la loi applicable ?

Les parties peuvent–elles s'affranchir d'une modification éventuelle de la loi au contrat ?

La réponse est controversée, mais la solution négative paraît s'imposer, car admettre l'immutabilité d'une disposition légale, aboutirait à soustraire le contrat à son cadre de référence et à faire de lui un contrat sans loi.

2 La Lex Mercatoria

Dans un contrat international, l'éloignement des parties ainsi que la diversité culturelle et linguistique créent à l'évidence une relation plus complexe que ne l'est une relation contractuelle de droit purement interne.

Ces contrats impliquent des sommes d'argent plus importantes et engendrent des obligations plus longues que celles des contrats nationaux. Les parties cherchent fréquemment à être sur un pied d'égalité. Des systèmes juridiques différents peuvent être bâtis sur des concepts divergents voire contradictoires. De plus, les lois nationales peuvent changer du jour au lendemain au détriment des parties contractantes.

Aussi, les usages commerciaux constituent-ils une norme de comportement sacré pour les opérateurs du commerce international. Ces usages sont nés d'une pratique généralisée et les expressions concrètes sont soit des usages codifiés (par exemple les incoterms), soit des modèles de contrats, soit des sentences arbitrales.

L'ensemble des usages constitue un véritable droit coutumier international, également qualifié de *lex mercatoria*.

De leur côté, les juges, et plus encore les arbitres, ont tendance à faire appel aux usages commerciaux pour trouver la solution d'un litige, dès lors que les solutions contractuelles sont insuffisantes pour dégager la réponse recherchée. Les règlements d'arbitrage, et même parfois la loi, poussent les arbitres à aller dans cette voie.

La jurisprudence française approuve cette tendance des arbitres, comme le prouve l'arrêt de la Cour de cassation du 22 octobre 1991 dans l'affaire Valenciana.

3 Droit applicable en cas de silence de la convention

Le juge étatique sera guidé dans la quête de la loi applicable par les dispositions du droit international privé de l'État dont il relève, et plus précisément par les règles dites de *conflit de loi applicable*. Ces critères, s'identifiant à des facteurs de « rattachement », sont de nature diverse et varient selon les pays (nationalité des parties, leur domicile, le lieu de signature de la convention, etc.). Par l'effet de conventions internationales, on assiste à une uniformisation de plus en plus poussée desdits facteurs de rattachement.

En même temps qu'il recherche la loi applicable au cas qui lui est soumis, le magistrat veille à ce que la désignation de cette loi n'aboutisse pas à blesser l'ordre public et l'État dont il dépend. Il s'agit de savoir, en l'occurrence, si l'ordre public international du pays en cause n'est pas menacé. Il convient d'observer que la notion d'ordre public international va plus loin que la notion d'ordre public national et ne recouvre que les règles essentielles à l'organisation et à la vie de l'État considéré. A titre d'exemple, une clause contractuelle imposant la capitalisation d'une somme prêtée, sanctionnée par les tribunaux en ordre interne, peut fort bien être acceptée par eux dans un contrat international.

4 Loi applicable et conventions internationales

(Convention de Rome du 19 juin 1980 sur la loi applicable aux obligations contractuelles).

On observe une nette tendance à l'uniformisation du droit régissant les grandes opérations du commerce international : on note en effet un effort constant d'homogénéisation des règles de conflit de lois tentant de dégager la loi applicable auxdites opérations.

La convention de Rome couvre en principe, tous les contrats qu'ils soient de nature civile ou commerciale. Lui échappent néanmoins :

les obligations relatives à l'état des personnes (régimes matrimoniaux, testaments, obligations alimentaires, etc.), celles relatives aux instruments financiers (lettres de change, chèques, etc.). L'objectif de la convention est d'arrêter une loi uniforme, remplaçant les règles de droit international privé propres aux États signataires. Sa vocation est universelle, en ce sens que la loi nationale désignée peut tout aussi bien être celle d'un État signataire que celle d'un autre État. La loi désignée ne s'appliquera toutefois qu'aux contrats conclus après son entrée en vigueur.

Comme les autres conventions internationales récentes en matière de droit international privé, celle de Rome reconnaît la primauté de la loi d'autonomie de la volonté, en stipulant que le contrat est régi par la loi choisie par les parties. La convention précise toutefois que : *« Lorsque tous les autres éléments de la situation sont localisés au moment de ce choix dans un seul pays, le choix des parties ne peut porter atteinte aux dispositions impératives de la loi de ce pays. Rien n'empêche les contractants de designer plusieurs lois applicables, selon la nature diverse de leur engagement. »*

Si les parties au contrat se sont abstenues de désigner la loi applicable, la convention décide que le contrat sera gouverné par la loi du pays avec lequel il présente les liens les plus étroits, une présomption générale étant établie que ce pays est celui où la partie qui doit fournir la *prestation caractéristique* – c'est-à-dire en fait celle qui justifie le paiement – a sa résidence habituelle au moment de la conclusion du contrat (s'il s'agit d'une société, ce sera le pays du lieu de son administration centrale). Toutefois cette présomption ne jouera pas s'il ressort de l'ensemble des circonstances contractuelles que la convention présente des liens plus étroits avec un autre pays. Ce renversement de solution est considéré par les commentateurs comme devant rester tout à fait exceptionnel.

L'application de la loi désignée par la convention de Rome pourra se trouver entravée par les dispositions impératives de la loi d'un autre pays avec lequel la situation présente un lien étroit, si, et dans la mesure où, selon le droit de ce dernier pays, ces dispositions sont applicables quelle que soit la loi régissant le contrat.

Le choix par les parties de la loi applicable ne peut pas avoir pour résultat de priver le consommateur de la protection que lui assurent les dispositions impératives de la loi du pays dans lequel il a sa résidence habituelle :

- Si une proposition ou une publicité spéciale a été faite préalablement à la conclusion du contrat ;
- Si la commande a été reçue par le vendeur ou son représentant dans le pays du consommateur ;
- Si la vente s'est faite à l'occasion d'un voyage à l'étranger organisé par le vendeur.

Chapitre 2

La formation du contrat

1 Conditions

On le sait tout contrat, quel qu'il soit, ne peut être valablement conclu que s'il respecte les conditions fondamentales que l'article 1108 du code civil a très exactement rassemblées : consentement que les parties doivent exprimer ; capacité à contracter ; objet du contrat et de l'obligation ; enfin cause du contrat et de l'obligation. On pourrait ajouter à cette liste, la condition de forme, car de très nombreux contrats ne sont aujourd'hui valables que s'ils sont formalisés de telle ou telle manière définie par le législateur ou par la jurisprudence. Le phénomène concerne davantage les contrats internes que les contrats internationaux .

2 Étapes préparatoires au contrat : lettres d'intention et autres documents, préambule

Ces conditions contractuelles n'appellent pas d'observations particulières. On relèvera toutefois que la précision de l'offre peut faire difficulté.

2.1 La lettre d'intention (*Letter of Intent*)

Avant sa conclusion, un futur contrat peut produire des effets juridiques. La négociation qui précède l'accord des parties est créatrice de droit . En engageant des pourparlers, des partenaires potentiels aliènent une partie de leur liberté, ils s'obligent à un certain comportement.

Cette affirmation prend toute sa valeur, lorsque le contrat négocié est relatif à une opération complexe, de grande ampleur, dont l'exécution pourra s'entendre sur plusieurs années et impliquer la coopération de plusieurs entreprises. On pense en l'occurrence à la construction d'usine clés en main, à la production intégrée d'avions civils ou militaires, à la prospection et à l'extraction de produits du sous-sol terrestre ou marin. La lettre d'intention par laquelle un opérateur manifeste son intention d'entrer en relation avec tel ou tel client potentiel, n'est une offre que dans la mesure où elle contient déjà les éléments essentiels de l'opération projetée et n'est assortie d'aucune réserve. Ce n'est généralement pas le cas, si bien qu'une telle lettre n'est en réalité qu'une invitation à entrer en pourparlers.

De fait, parfois les rédacteurs cherchent à faire accepter un document qui les engage le moins possible, tout en liant le partenaire. Il y a peu à gagner dans cette attitude, qui risque d'entraîner bien des déboires par les incertitudes qu'elle entraîne. Il est toujours préférable d'exprimer aussi clairement que possible ce à quoi on s'engage, et ce à quoi on ne s'engage pas.

Si l'on souhaite ne pas s'engager, tout en ressentant le besoin d'établir l'un ou l'autre document faisant le point des négociations, il est indiqué de le dire, soit en recourant à une telle formule telle que la clause anglaise « *subject to contract* ». Mais on ne perdra pas de vue que, même en l'absence de toute obligation juridique, une lettre d'intention engage la réputation de la firme, et que les conséquences extra-juridiques de remaniement peuvent entre aussi graves que les sanctions juridiques écartées, telles que l'atteinte au crédit commercial, rupture des relations d'affaires, etc.

Si au contraire on entend de la lettre d'intention qu'elle entraîne certains engagements, mieux vaut préciser explicitement l'objet de ces engagements : celui de ne pas remettre en cause les résultats déjà atteints, ou celui de ne plus engager de négociations parallèles avec des tiers tant que se poursuit la négociation avec les parties. Il est aussi très souhaitable d'indiquer clairement les conséquences des manquements éventuels, notamment en ce qui concerne l'évaluation des dommages-intérêts. Les négociateurs peuvent aussi envisager l'opportunité de confier à un arbitre le soin de mettre au point certaines clauses accessoires du contrat en cas de différend entre les parties.

Voici un exemple un exemple de lettre d'intention :

Letter of Intent

[Société A], based at *[adresse]* at one side and *[Société B]* based at *[adresse]* on the other side would agree to the following terms of reference in the course of conducting Training Programs at *[pays du siège de la société B]*.

1. The Scope of Services

a) Subject:

b) Areas to be covered: *[Pays]*

2. Services to be provided by *[Société B]* for conduct of the Training Programs:

a) Infrastructure and Logistics requirement:

____

____

____

b) Logistics facilities

____

____

____

3. Services to be provided by *[Société A]*

Provision of faculty and conduct of training

____

____

____

4. Agreement

The above services will come to force only if both Parties mutually agree to the cost and may go for final Agreement between the two companies or implement the Training programs on a project-to-project basis.

The understanding remains valid till a final Agreement is so agreed and materialized between both companies. The scope of the services varies and shall also vary accordingly or as shall be agreed upon.

Signed by	Signed by
____________________	____________________
[Nom, titre]	[Nom, titre]
[Société A]	[Société B]
Date	Date

(réf : Modèle, Centre du commerce international CNUCED/OMC)

2.2 L'avant-contrat (Head Line of the Agreement)

Parmi les documents pré-contractuels, il en est qui sont lourds de conséquences. L'avant-contrat, par exemple, entend définir les axes du contrat sur lesquels les parties ont marqué leur accord. Il s'agit en l'occurrence de la matrice de la convention finale, sur laquelle on greffera par la suite le contenu de clauses détaillées.

2.3 Le préambule

De très nombreux contrats internationaux contiennent un « préambule ». Les parties y développent toute une série de considérations qu'elles estiment utiles avant d'aborder le détail de leur contrat. Elles soulignent notamment les objectifs du contrat et les circonstances qui les ont conduites à se rapprocher pour collaborer. L'historique des négociations est parfois rappelé. Le préambule prend acte des diverses constations et déclaration des parties.

Le préambule porte parfois un titre « *Préambule* », « *Exposé des motifs* », «*Preamble* », «*Preliminary* », « *Recitals* ». En anglais, il est souvent introduit par la formule : « *Witnessed* », « *Whereas...* ». Les différents alinéas débutent par les mots : « *Attendu que* » ou « *Considérant que* » ou en anglais « *Whereas* ».

Le préambule s'achève souvent par une formule de transition qui conduit au sein du contrat. En voici quelques exemples typiques :

«Now, therefore, in consideration of premises and the mutual Agreements hereinafter contained, licensor and licensee do hereby agree as follows: ... »

« Now, therefore, it is hereby agreed as follows: »

« En foi de quoi, il a été convenu ce qui suit... »

« Whereas, pursuant to arrangements made by ____ incorporated and Bank of__________ limited (hereinafter called the Manager) the Bank subjects to terms and conditions herein set forth are willing to make available to the borrower in a maximum aggregate of US $.... »

Cette brièveté est assez exceptionnelle. La plupart des préambules prennent une ampleur plus ou moins importante en fonction de la complexité des circonstances qui entourent le contrat, mais aussi de la prolixité des rédacteurs, et leur souci plus ou moins marqué de vouloir s'expliquer avant de s'engager.

Le préambule suivant met l'accent sur le procédé qui a contribué à asseoir la réputation de la société qui exporte des catalyseurs :

RECITALS

This contract is based on the facts and information below concerning *[Dénomination]* process, reputation and know-how.

PROCESS

[Dénomination] removes and prevents scale build-up in water systems without chemicals or filters.

[Dénomination] is a treatment for liquids in general. Its primary purpose is the prevention of the formation of mineral deposits (scale and encrustations) in pipes and fixtures, and the removal of existing deposits without causing corrosion.

[Dénomination] does not add anything to nor take anything from the liquid.

[Dénomination] is a very unique catalyst. It changes the magnetic properties of the minerals in the liquid in such a manner that they are repelled from each other and from the walls of pipes and fixtures. This prevents the formation of scales and removes those that exist.

[Dénomination] does not require an external energy source, it is entirely self-contained.

[Dénomination] treatment can be applied to systems that handle a trickle of flow or to a city's entire water system, and every system, and everything in between.

[Dénomination] catalytic action simply prevents mineral deposits and removes that which exists without changing the chemical properties of the water.

REPUTATION

[Dénomination] and its trademarks in particular have acquired a worldwide renown for quality from which its licensees benefit.

KNOW-HOW

Over the years, *[Dénomination]* has acquired and perfected expertise in the development of *[Nom du produit]*.

The above stated, *[Dénomination]* has expressed its wish to fabricate and sell the aforementioned systems and products, and has applied for a license to exploit the *[Nom du produit]* and associated know-how.

3 Rencontre des volontés

Tout contrat oblige les parties à faire, ne pas faire ou donner quelque chose. Le moment où la rencontre des volontés se réalise ne pose pas de problème lorsque les partenaires sont en face l'un de l'autre. Quand leurs relations sont médiates (par correspondance, télex, télécopie, etc.), il importe de savoir si l'accord naît lorsque le sollicité exprime son adhésion à la proposition du sollicitant ou, au contraire, au moment où ce dernier enregistre l'accord du premier. La question est loin de n'avoir qu'un intérêt académique, par exemple dans l'hypothèse d'un accord exprimé par lettre, mais repris par un fax arrivant chez le destinataire avant que celui-ci ait reçu le message écrit. Pour l'Allemagne, la Belgique et la France, le contrat naît en principe au moment où l'acceptation est reçue par l'auteur de l'offre.

Dans la plupart des législations, le contrat valablement conclu reçoit une sanction légale, qui garantit son exécution comme s'il s'agissait d'une loi.

4 Détermination des obligations contractuelles

(La clause *« best effort »*, *« reasonable care »*, *« due intelligence »*, et *« règle de l'art »*.)

Lorsqu'une partie à un contrat s'oblige à accomplir telle ou telle prestation, le libellé de son engagement est souvent assorti de qualifications diverses, destinées à caractériser la manière dont la prestation sera exécutée. Un distributeur, par exemple, exerce *« ses meilleurs efforts »* en vue de développer la vente des produits ; une banque apportera *« un soin raisonnable »* à vérifier l'authenticité d'un document ; un entrepreneur réalisera le travail *« avec diligence »*, selon *« les règles de l'art »*.

Dans un contrat de distribution, le distributeur s'engage souvent à promouvoir les ventes des produits en cause. Cette obligation est l'un des principaux terrains d'élection du recours aux critères du type *« meilleurs efforts »* ou *« efforts raisonnables »*. Par exemple :

« The distributor agrees to use its best efforts to sell, promote, market and support the products and to develop and maintain the reputation and good will of______ and the Products in the Territory with Distributor's customers. »

« During the period of the Permission, the Licensee shall use its reasonable endeavours to sell and to increase the sale of the Licensed Products in Belgium… »

Dans chaque cas, l'engagement est certain, mais son contenu n'est guère explicite, ce qui pourrait susciter des difficultés d'interprétation. Quel contenu donner à ces «Best efforts », à ces « reasonable endeavours » … ? Existe-t-il une différence entre les deux critères ?

Que penser alors de la formule suivante où divers critères sont cumulés : « *The licensee shall endeavor in every reasonable and proper way and to the best of his ability to further the sales of the said (machine) containing such patented improvement.* »

Certaines stipulations apportent quelques précisions quant au contenu de l'obligation de promouvoir les ventes des produits : « L' agent s'engage à faire ses meilleurs efforts pour promouvoir de la façon la plus active la vente de produits dans le Territoire. »

Ce faisant, l'agent s'engage à ses frais à :

- Servir la clientèle et gérer ses affaires afin de maintenir et développer l'image de marque attachée aux produits ;
- Solliciter avec diligence des commandes de produits auprès des clients ;
- Mettre en œuvre tous les moyens commerciaux et administratifs nécessaires (y compris en personnel) pour assurer la promotion des produits et la bonne exécution du présent contrat ;
- Faire son affaire personnelle de sa propre organisation, à savoir bureaux, personnel, déplacements, correspondance, etc.

On notera les « meilleurs efforts » « de la façon la plus active », « avec diligence », « mettre en œuvre tous les moyens », « faire son affaire personnelle ».

Dans l'exemple suivant, c'est une précision négative qui est fournie : « The Agent will diligently and faithfully serve the Principal as its Agent and will use his best endeavors to promote the sale of the goods of the Principal within the area and will not do anything that may prevent such sale or interfere with the development of the Principal's trade in the Area. »

S'agissant du contrat de construction, la clause suivante est très usitée : « The constructor shall, subject to the provisions of the contracts documents, and with due care and diligence, execute and maintain the works and provide all labor, including the supervision thereof, materials, construction plant and all other things whether of a temporary or permanent nature, required in and for such execution and maintenance, so far as the necessity for providing the same is specified in or reasonably to be inferred from the contract documents. »

L'exigence paraît plus renforcée dans l'exemple suivant : « The Contractor shall, commencing within 7 days of the effective date of the contract, proceed with utmost diligence and care in carrying out all of the services specified as in his obligations in the contract...»

Dans des textes en langue française, la disposition correspondante se réfère souvent aux règles de l'art : « L'entrepreneur garantit que ses prestations, travaux et montage seront réalisés selon les règles de l'art, en conformité sur tous les plans avec les lois, les décrets, les règlements, les prescriptions et normes en vigueur au Royaume du Maroc, lors de la signature du marché. »

5 Responsabilités postcontractuelles

On peut fort bien concevoir par exemple que les parties prévoient la survivance pendant plusieurs années de la clause de confidentialité couvrant des techniques devenues communes dans leur utilisation, et qu'elles assortissent cette prolongation de sanctions pénales en cas de non-respect.

Exemple de clause de confidentialité, de discrétion et de secret :

« The Consultant will commit himself to respect secrecy of any information he would obtain during the completion of the mission mentioned above and will not reveal to third parties, or use for personal profit or a third Party, documents or information that have not been public, during the mission itself and sixth months after the termination of the said mission. »

Autre variante :

« The Consultant shall agree to hold in confidence and not to disclose to third Party any part of technical information furnished directly or indirectly, in writing or otherwise, to him. »

Chapitre 3

Les clauses d'autoprotection contre l'inexécution contractuelle

Chaque partie au contrat court le risque de non-exécution du contrat ou de mauvaise réalisation des engagements pris par le cocontractant, avec le poids d'un préjudice qui peut être considérable.

Ainsi, le contrat de transfert de technologie recèle de nombreux risques en dehors de ceux inhérents à la solvabilité du maître de l'ouvrage ou de ceux engendrés par la défaillance de l'exportateur de biens ou de services. Ces risques vont du transport des marchandises depuis l'usine de départ jusqu'aux dommages à l'ouvrage pendant la période d'exploitation, en incluant tous les aléas de la construction et de l'intervention des sous-traitants.

1 Risques encourus par le vendeur-entrepreneur

1.1 L'assurance crédit à l'exportation

Le recours par un exportateur à l'assurance crédit peut se faire aussi bien chez une compagnie d'assurances privée, spécialisée dans cette branche, que chez un organisme agissant pour compte de la puissance publique.

1.2 Compagnie française pour le commerce extérieur (COFACE)

Les risques couverts par la COFACE sont commerciaux, politiques et monétaires « catastrophiques » ou ceux dits « extraordinaires » (art. 432-2 du code des assurances). Dans cette gamme, l'intervention de la COFACE pour compte de l'État lui-même permet de couvrir toute opération du commerce extérieur, aussi bien à l'exportation qu'à l'importation. En fait, depuis 1990, la garantie de l'État ne couvre plus que des risques hors CEE, ceux de nature catastrophique et les risques commerciaux à moyen et long terme. Elle n'est de surcroît accordé qu'après avis favorable d'une instance administrative, la Commission des garanties et du crédit au commerce extérieur.

1.3 Assurance crédit et CEE

La CEE est animée de la volonté constante de lutter contre un cloisonnement possible des marchés nationaux, en l'occurrence celui de l'Assurance. Aussi la Directive 88/357/CEE du 22 juin 1988 sur la libre prestation des services permet aux preneurs d'assurance de faire appel non seulement à des assureurs établis dans leur pays, mais aussi à des assureurs ayant leur siège social dans la Communauté et établis dans d'autres États membres. Dans cette perspective, la directive commande d'alléger les exigences que peuvent avoir les autorités nationales de contrôle, notamment sur les assurances crédits et caution. Ce qui a pour objectif de faire jouer la concurrence en matière de tarifs et de polices d'assurance.

1.4 Garanties bancaires et affacturage

Le recours aux garanties bancaires n'est pas de pratique très courante pour le vendeur. Quant à l'affacturage, s'il est couramment pratiqué par certaines firmes, surtout européennes, pour la récupération de créances nationales, il n'est pas fréquemment utilisé au plan des relations internationales.

2 Risques encourus par l'acheteur maître de l'ouvrage

Les risques auxquels est exposé l'acheteur consistent essentiellement :

- A ne pas recevoir ce qui avait été convenu ;
- A le recevoir en retard ;
- A ne pas bénéficier des performances attendues des biens et des services acquis.

Les garanties bancaires sont constituées par un donneur d'ordre, c'est-à-dire par le vendeur entrepreneur au profit d'un bénéficiaire, à savoir l'acheteur maître d'ouvrage. Du côté bancaire, le garant est généralement la banque située dans le pays bénéficiaire, le contre-garant étant celle du donneur d'ordre. Les garanties bancaires peuvent dans certains cas, être assorties de sûretés spéciales imposées par le banquier du donneur d'ordre, compte tenu de l'importance des montants garantis ou la situation particulière de l'assuré.

2.1 Constitution de garanties bancaires.

Dans la pratique internationale, la bonne fin des engagements est donc souvent garantie par les constitutions de garanties bancaires (*bonds*). Les rapports de droit entre les trois catégories d'intervenants en présence, donneur d'ordre, garant et bénéficiaire se règlent contractuellement. Il n'empêche que le bon fonctionnement de la formule postule qu'un équilibre existe dans la protection des intérêts en présence.

Les règles uniformes de la Chambre du commerce internationale relatives aux garanties sur demande (RUG) reconnaissent actuellement que la garantie est un engagement parfaitement indépendant et distinct des obligations du contrat commercial ou des conditions d'adjudication. Elle est de ce fait qualifiée d'autonome ou abstraite, sans qu'elle se confonde pour autant avec les garanties de même nature appelées garanties à première demande.

En pratique, l'appel à garantie exige que le bénéficiaire fasse par écrit une demande écrite stipulant :

Que le donneur d'ordre a manqué à ses obligations selon le contrat de base ou, en cas de garanties de soumission, aux termes des conditions des appels d'offres ;

En quoi le donneur d'ordre a manqué à ses obligations.

En ce qui concerne les obligations du garant, il devra examiner avec « un soin raisonnable », si les documents présentés sont conformes en apparence aux termes et conditions de garantie. Dans l'hypothèse de la conformité, il devra payer la somme convenue. Il est utile de savoir que la loi applicable au contrat de garantie sera, à défaut de choix des parties, celle du lieu d'établissement du garant ou du contre-garant. S'il y a plusieurs établissements, c'est celle de la succursale ayant remis la garantie. Quant à la juridiction compétente en cas de conflit entre garant et bénéficiaire de la garantie, ce sera à défaut de stipulation contraire, celle du pays de l'établissement bancaire.

Les RUG paraissent devoir constituer une référence utile pour les opérateurs du commerce international, mais le succès qu'elles rencontrent dans la pratique demeure hypothétique.

Principales garanties bancaires

- Garanties de soumission ou d'adjudication *(bid bond) :*

  - Elle garantit à l'acheteur la mise en œuvre du contrat après désignation de l'exportateur comme attributif du contrat,
  - Son montant est souvent de 5% de la valeur estimée du contrat ;
- Garantie de restitution d'acompte *(advance payment bond) :*
  - Elle garantit à l'acheteur le remboursement de l'acompte versé, au cas où les fournitures et services de l'exportateur ne seraient pas fournis,
  - Elle va décrescendo, au fur et à mesure des livraisons de l'exportateur et des paiements de l'acheteur, pour être remplacée progressivement par la garantie de bonne exécution du contrat,
  - Chacune des étapes de réduction doit être marquée par les faits et documents non contestables par l'acheteur,
  - Son montant varie entre 5 % et 15% du contrat (montant de l'acompte) ;
- Garantie de bonne exécution du contrat *(performance bond) :*
  - Elle garantit à l'acheteur la bonne exécution des différentes phases du contrat et lui assure le jeu des pénalités contractuellement prévues,
  - Deux de ces étapes sont essentielles : la réception provisoire et la réception définitive,
  - Cette garantie peut durer aussi longtemps que le contrat,
  - Son montant varie fort d'un pays à l'autre : il va de 5 à 10% de la valeur du contrat, mais peut aller au-delà ;
- Garantie de dispense de retenue de garantie :

Elle protége l'acheteur contre le risque de ne pas voir les réparations promises faites correctement ; dans ce but, l'acheteur retient une partie des paiements dus au vendeur. La garantie bancaire évite cette retenue sur les rentrées attendues par le vendeur. Elle peut porter sur 5% du contrat ;

- Garantie de mise en régime de croisière *(maintenance bond)* :

Elle neutralise, au profit de l'acheteur, le mauvais fonctionnement de l'installation après sa réception définitive ; elle garantit en somme l'obtention du produit en main.

2.2 Garanties à première demande

La garantie à première demande consiste dans l'engagement contracté à la demande d'un exportateur (donneur d'ordre) par un banquier, de verser à un importateur (bénéficiaire), sur simple demande de ce dernier, une somme d'argent, à la condition que cette demande soit faite avant l'expiration du délai fixé. Totalement distincte du contrat principal, la garantie à première demande ne se confond pas juridiquement avec le cautionnement, contrat en vertu duquel la caution n'est tenue de payer que pour autant et dans la mesure où le cautionné le serait.

Chapitre 4

Clauses de force majeure et de sauvegarde (hardship)

1 Clauses de force majeure

Des obstacles imprévisibles et indépendants de la volonté des parties peuvent se dresser sur le chemin d'un contrat international : la marchandise à livrer est détruite dans un incendie ; le navire fait naufrage ; un conflit armé éclate, empêchant la poursuite de la construction, etc.

1. 1 Notions et effets légaux de la force majeure

Ces événements peuvent empêcher totalement l'exécution des obligations contractuelles ou rendre cette exécution plus onéreuse pour le débiteur.

Pour le code civil, la force majeure ou cas fortuit est un « événement imprévisible à la volonté des parties, qui empêche temporairement ou définitivement l'exécution d'une obligation » (art. 1147 et 1148 du code civil). Le seul fait de rendre l'exécution plus onéreuse pour le débiteur ne constitue pas un cas de force majeure.

En ce qui concerne, les conventions internationales, on observe que celle de Vienne du 11 avril 1980 sur les contrats de vente internationale de marchandises adopte une solution proche de celle du code civil, mais qui altère malgré tout le caractère d'imprévisibilité auquel ledit code subordonne l'existence de la notion de force majeure :

« 1. Une partie n'est pas responsable de l'inexécution de l'une de ses obligations, si elle prouve que cette inexécution est due à un empêchement indépendant de sa volonté et que l'on ne pouvait raisonnablement attendre d'elle qu'elle le prenne en considération au moment de la conclusion du contrat [...]

2 [...]

3. L'exonération prévue par le présent article produit effet pendant la durée de l'empêchement.

4. La partie qui n'a pas exécuté doit avertir l'autre partie de l'empêchement et de ses effets sur sa capacité d'exécution... » (art. 79).

«In the event of force majeure, as defined above, the invocating Party shall give notice to the other Party by registered letter with bill of receipt, or by telex or facsimile transmission within eight days of the event. »

On le sait, la charge de la preuve de l'existence de la force majeure pose quasiment invariablement sur la partie voulant l'invoquer. Si le débiteur apporte suffisamment de preuves en ce sens, il ne sera pas responsable de l'inexécution du contrat. Lorsqu'il s'agit d'obligation de résultat, c'est assurément le seul moyen de s'exonérer de son obligation. S'il s'agit d'obligation de moyens, l'autre partie doit encore essayer de prouver la faute du débiteur.

1.2 Contenu des clauses de force majeure

La récolte de clauses de force majeure ne suscite guère de difficultés ; ces clauses sont courantes :

« Force majeure are contingencies caused neither of the Parties and which are unforeseeable at the time of concluding the contract, uncontrollable and which render the further performance of the contractual obligations impossible...»

Ou bien : *« On entend par force majeure tous les événements indépendants de la volonté des parties, imprévisibles et inévitables, intervenues après l'entrée en vigueur du contrat et qui empêche l'exécution intégrale ou partielle des obligations dérivant de ce contrat. »*

L'imprévisibilité, par exemple, n'est pas requise dans la clause suivante : *« In the Contract* force majeure *shall mean any occurrence outside the control of the Parties preventing or delaying their performance of the contract... »*

« En cas de survenance d 'événements indépendants de la volonté des parties et d'impossibilité d'exécution totale ou partielle par une des parties engagées par la présente convention... »

« In case of force majeure or for any reason beyond its control making it possible for producer to manufacture or to deliver...»

Une clause fait allusion à la *« due diligence »*, permettant une interprétation plus souple des critères en cause :

« By force majeure are to be meant extraordinary events independent of the Parties' will that cannot be foreseen or averted by them even due diligence, being beyond their control preventing the Contracting Parties (or Party) to come up his (their) obligations undertaken in his Contract. »

Un critère très fréquent d'appréciation de la force majeure est fourni par l'expression *« beyond the control of the Parties »*. On peut ainsi estimer que ce critère se confond avec les conditions classiques d'inévitabilité, ou d'extériorité par rapport à la volonté des parties. Ce souci devient manifeste lorsque l'expression se complète d'une référence au terme *« raisonnable » : « beyond the reasonable control of the Parties »* revêtant ici une portée réductrice.

La première caractéristique des clauses de force majeure dans les contrats internationaux réside dans le fait qu'elles sont généralement plus détaillées et plus structurées que les clauses de force majeure en droit interne. Ces clauses sont rédigées de manière à offrir une définition de la notion même, suivie d'une liste non-exhaustive des événements que les parties s'accordent à qualifier de force majeure. Voici un exemple de clause de force majeure :

Force majeure

« Performance of all or part of the contractual obligations incumbent on the Parties under the terms herein shall be deferred in the event of force majeure.

Force majeure means any event that the Parties could not be expected to foresee, that is entirely beyond the control of the defaulting Party, and that prevents the obligations of the Agreement being performed as originally intended.

The Parties agree that the following in particular shall be considered cases of force majeure: war riots, fire, strike, inability to procure, and general transportation stoppage.

In the event of force majeure, as defined above, the invocating Party shall give notice to the other Party by registered letter with bill of receipt, or by telex or facsimile transmission within eight days of the event.

It shall notify the other Party in the same manner as soon as the circumstances constituting force majeure have been removed. The Agreement shall resume its normal course as from the date of such notice.

In the event of deferral and arising of force majeure, the term of the Agreement shall be extended accordingly.

In any event, the defaulting Party shall take all necessary steps – in Agreement with the other Party – to ensure that performance of the obligations affected by force majeure is normally resumed.

Should circumstances constituting force majeure continue for more than 2 (two) months, the Parties agree that they will meet to decide on steps to be taken to enable performance of the Agreement to resume in an equitable manner. If the Parties are unable to reach an Agreement, the consequences of force majeure shall be addressed in accordance with the provisions of Article 26 below. »

2 La clause de « hardship »

Il y a *hardship* (« imprévisibilité ») lorsque surviennent des événements qui altèrent fondamentalement l'équilibre des prestations, soit que le coût de l'exécution des obligations ait augmenté, soit que la valeur de la contre-prestation ait diminuée, et à la condition que :

- Ces événements soient survenus ou aient été connus de la partie lésée après la conclusion du contrat ;
- La partie lésée n'ait pu, lors de la conclusion du contrat, raisonnablement prendre de tels événements en considération ;
- Ces événements échappent au contrôle de la partie lésée ;

le risque de ces événements n'ait pas été assumé par la partie lésée.

2.1 Définition du hardship

Le hardship ne peut être invoqué à moins que l'altération de l'équilibre des prestations ne soit fondamentale. Le fait de savoir si une altération est ou non « *fondamentale* » dans un cas déterminé dépendra bien entendu des circonstances. Si toutefois les obligations peuvent faire l'objet d'un calcul précis en termes monétaires, une altération équivalant à 50% ou davantage du coût ou de la valeur de l'obligation équivaudra probablement à une altération fondamentale.

Exemple de hardship

En septembre 1989, A, négociant en produits électroniques situé dans l'ancienne république démocratique allemande, achète des stocks à B, situé dans le pays X, également ancien pays socialiste. Les marchandises doivent être livrées par B en décembre 1990. En novembre 1990, A informe B que les marchandises ne lui servent plus à rien, invoquant qu'après l'unification de la république démocratique allemande et de la république fédérale d'Allemagne il n'existait plus de marché pour de telles marchandises importées du pays X. A moins que les circonstances n'indiquent le contraire, A a le droit d'invoquer le hardship.

En pratique, une altération fondamentale de l'équilibre des prestations peut se manifester de deux façons différentes mais liées. La première est caractérisée par une augmentation substantielle du coût des obligations de l'une des parties. La seconde manifestation du hardship est caractérisée par une forte diminution de la valeur de la contre-prestation, y compris les cas dans lesquels la prestation n'a plus aucune valeur pour le créancier.

2.2 Conditions supplémentaires pour qu'il y ait hardship

- Les événements surviennent ou sont connus après la conclusion du contrat. Si cette partie avait eu connaissance de ces événements lors de la conclusion du contrat, elle aurait pu en tenir compte à ce moment-là. Elle ne pourrait pas invoquer le hardship ultérieurement.
- La partie lésée ne pouvait raisonnablement prendre ces événements en considération. Même si le changement de circonstances survient après la conclusion du contrat, ces circonstances ne peuvent constituer une situation de hardship si la partie lésée avait pu, lors de la conclusion du contrat, raisonnablement les prendre en considération.
- Événements qui échappent au contrôle de la partie lésée. Un cas de hardship ne peut survenir que si les événements qui le constituent échappent au contrôle de la partie lésée.
- Les risques ne doivent pas avoir été assumés par la partie lésée. Il n'y a pas de hardship si la partie lésée a assumé le risque du changement de circonstances. Le terme assumé indique clairement qu'il n'est pas nécessaire que les risques aient été pris en charge expressément.
- De par sa nature même, il ne peut y avoir hardship qu'à l'égard des prestations qui doivent encore être exécutées.

2.3 Hardship et force majeure

Du fait des définitions respectives du hardship et de la force majeure . Il peut y avoir dans ces principes des situations de fait qui peuvent être considérées en même temps comme des cas de hardship et de force majeure. Si tel est le cas, il appartient à la partie touchée par ces événements de décider du moyen à invoquer. Si elle invoque la force majeure, c'est pour justifier l'inexécution de sa prestation. Si elle invoque le hardship, c'est en premier lieu en vue de renégocier les clauses du contrat afin de permettre au contrat de continuer à exister avec des clauses révisées.

2.4 Hardship et pratique contractuelle

La définition du hardship revêt nécessairement un caractère plutôt général. Les contrats du commerce international contiennent souvent des dispositions beaucoup plus précises à ce propos.

La clause de hardship et ses effets

1) En cas de hardship, la partie lésée peut demander l'ouverture de renégociations. La demande doit être faite sans retard indu et être motivée.
2) La demande ne donne pas par elle-même à la partie lésée le droit de suspendre l'exécution de ses obligations.
3) Faute d'accord entre les parties dans un délai raisonnable, l'une ou l'autre peut saisir le tribunal.
4) Le tribunal qui conclut à l'existence d'un cas de hardship peut, s'il l'estime raisonnable :

- **mettre fin au contrat à la date et aux conditions qu'il fixe; ou**
- **adapter le contrat en vue de rétablir l'équilibre des prestations.**

On impose également à la partie lésée une obligation d'indiquer les raisons sur lesquelles la demande d'ouverture de renégociations est fondée pour permettre à l'autre partie de mieux se rendre compte si cette demande est ou non justifiée. Une demande incomplète doit être considérée comme n'ayant pas été faite à temps, à moins que les motifs du prétendu hardship ne soient tellement évidents qu'il est inutile de les exposer dans la demande. Le fait de ne pas motiver la demande d'ouverture de renégociations peut avoir des effets similaires à ceux dérivant du retard indu de la demande.

2.5 Demande de renégociations et suspension de l'exécution des obligations

Il est encore prévu que la demande d'ouverture de négociations ne donne pas par elle-même à la partie lésée le droit de suspendre l'exécution de ses obligations. Le motif en est le caractère exceptionnel du hardship et le risque d'éventuels abus. La suspension de l'exécution des obligations ne peut se justifier que dans des circonstances extraordinaires.

Illustration

A conclut un contrat avec B pour la construction d'une usine. Celle-ci doit être construite dans le pays X qui adopte de nouvelles règles de sécurité après la conclusion du contrat. Les nouvelles règles exigent un équipement supplémentaire et altèrent ainsi de façon fondamentale l'équilibre des prestations du contrat en rendant la prestation de A beaucoup plus onéreuse. A peut demander l'ouverture de négociations et suspendre l'exécution de ses obligations en raison du temps dont il a besoin pour mettre en œuvre les nouvelles règles de sécurité, mais il peut également suspendre la livraison de l'équipement supplémentaire aussi longtemps que l'adaptation correspondante du prix n'a pas été décidée.

2.6 Saisine du tribunal faute d'accord entre les parties

Faute d'accord entre les parties sur l'adaptation du contrat aux nouvelles circonstances dans un délai raisonnable, l'une ou l'autre des parties peut saisir le tribunal. Une telle situation peut se produire soit parce que la partie non lésée ignore complètement la demande d'ouverture de négociations, soit parce que la renégociation, bien que menée de bonne foi par les parties, n'a pas abouti à un résultat positif.

2.7 Mesures du tribunal en cas de hardship

Le tribunal qui conclut à l'existence d'un cas de hardship peut réagir de différentes façons. Une autre possibilité serait pour le tribunal d'adapter le contrat en vue de rétablir l'équilibre des prestations. Ce faisant, le tribunal essaiera de procéder à une juste répartition des pertes entre les parties. Selon la nature du hardship, ceci peut ou non impliquer une adaptation du prix. Toutefois, si tel est le cas, l'adaptation ne reflétera pas nécessairement la totalité de la perte entraînée par le changement de circonstances, car le tribunal devra par exemple prendre en considération dans quelle mesure une partie a pris un risque et dans quelle mesure la partie bénéficiaire de la prestation peut encore en bénéficier. Une autre solution raisonnable pour le tribunal serait soit d'imposer aux parties de reprendre les négociations en vue de parvenir à un accord sur l'adaptation du contrat, soit de confirmer les clauses du contrat dans leur version existante.

Illustration

A, exportateur, s'engage à livrer à B, importateur dans le pays X, de la bière pendant trois ans. Deux ans après la conclusion du contrat, le pays X introduit une nouvelle législation prohibant la vente et la consommation de boissons alcoolisées. B invoque immédiatement le hardship et demande à A de renégocier le contrat. A reconnaît l'existence d'un cas de hardship, mais refuse d'accepter les modifications du contrat proposées par B. Après un mois de discussions infructueuses, B saisit le tribunal. Si B a la possibilité de vendre la bière dans un pays voisin, même à un prix beaucoup plus bas, le tribunal peut décider de maintenir le contrat mais de diminuer le prix convenu. Si, au contraire, B n'a pas une telle possibilité, le tribunal peut estimer raisonnable de mettre fin au contrat en demandant toutefois en même temps à B de payer à A la dernière expédition encore en route.

Une clause type de hardship est rédigée de la manière suivante :

« If during performance of this contract there should arise economic, political or technical circumstances which were unforeseen by the Parties and are beyond their control, and which make performance of the contract so onerous (though not impossible) for one of the Parties that the burden would exceed all the anticipatory provisions made by the Parties at the time the contract is signed, such affected Party shall be entitled to equitable relief, and may request the revision of the contract. The Parties will discuss the matter, and if an amicable solution cannot be reached, the affected Party may request arbitration of the matter in accordance with the arbitrage clause of this contract. »

« Si au cours de l'exécution de ce contrat des circonstances économiques, politiques ou techniques imprévues et extérieures aux parties surviennent rendant l'exécution de ce contrat si onéreuse (bien que possible) pour l'une des parties que la charge excéderait la prévision des stipulations contractuelles adoptées par les parties au moment de la conclusion du contrat, la partie lésée aura droit à une réparation équitable et pourra exiger la renégociation du contrat. Si les parties ne parviennent pas à une solution amiable, la partie lésée pourra exiger que la question soit soumise à un tribunal arbitral en application de la clause d'arbitrage prévue dans ce contrat. »

Chapitre 5

Sanctions de l'inexécution des obligations contractuelles

La responsabilité des parties est engagée chaque fois que l'une des obligations contractuelles n'a pas été exécutée. Cela est vrai chaque fois que ne peuvent être invoqués :

- Ni le cas de force majeure ;
- Ni la modification – aux conséquences onéreuses – des circonstances ayant prévalu à la conclusion du contrat, et à la condition, évidemment, que cette modification n'ait pas fait l'objet d'un accord entre les parties.

On se trouve devant une carence ou une faute du débiteur des prestations considérées. La responsabilité du débiteur peut-elle être limitée ? Et peut-on prévoir une indemnisation forfaitaire du préjudice à naître de l'inexécution d'une obligation ? Quelle peuvent être les conséquences de cette situation sur la vie même du contrat ?

1 EXONÉRATION OU LIMITATION DE LA RESPONSABILITÉ CONTRACTUELLE

L'expression « Clauses exonératoires ou limitatives de responsabilité ou de garantie » appelle plusieurs commentaires.

On connaît la tendance du droit moderne à protéger le partenaire jugé le plus faible, et, par conséquent, sa propension à sanctionner les clauses par lesquelles la partie la plus forte essaierait de se dégager d'obligations qui normalement s'imposent à elle. Ainsi dans le code civil, un vendeur ne peut s'affranchir de sa responsabilité à propos des vices cachés de la chose vendue.

1.1 Les clauses exonératoires

Elles sont évidemment plus rares que les clauses limitatives. Plus difficile à faire admettre dans la négociation du contrat, elles risquent aussi de voir leur validité contestée, du moins lorsqu'elles concernent l'inexécution d'obligations essentielles. Dans la clause suivante, un donneur de licence écarte de son chef toute obligation de garantie en cas de recours de tiers contre le licencié :

« *RPT shall not be liable to licensee because of any claim of infringement by licensee of any third Party's patent or patent application by reason of the use of license herein granted to licensee.*»

« RPT n'est pas tenu responsable envers le licencié pour toute réclamation émanant de ce dernier liée à un tiers au brevet ou pour toute infraction liée à l'application du brevet au cours de la jouissance de la licence par le licencié. »

1.2 Les clauses limitatives de responsabilité

Il s'agit de restreindre les conditions ou la responsabilité des parties. Dans les faits, l'exonération ou l'atténuation de la responsabilité du débiteur se traduira par des clauses modélisées : éviction des clauses bénignes, exclusion de tout autre dommage que le préjudice direct, limitation de la réparation au montant des honoraires ou même une partie de ceux-ci, introduction de la demande en réparation dans une période de temps bien définie. Ainsi :

«The Consulting Engineer is only liable to the client for the consequences of errors and omissions arising from gross negligence on his part or on the part of his employees to the extend and with the limitations referred to hereunder…

The payments to be made by the consulting Engineer to the Client with regard to the liability stated in clause _____ shall be limited to

______.

The Liability of the Consulting engineer does not cover costs other than those for the re-instatement of works. All liability for consequential damages is excluded.

The liability of the Consulting engineer expires at the end of the guarantee period of the relevant part of the works.[1] »

« La responsabilité de l'ingénieur conseil ne peut être engagée que dans le cas des frais consécutifs à la réintégration des travaux, les dommages indirects étant exclus. »

« La responsabilité de l'ingénieur conseil prend fin à l'expiration de la période de garantie desdits travaux. »

1.3 Exemple de clause de garantie

« Independent from all customary and statutory warranties, the supplier must give the customer warranties which cover specifications, performance and output resulting from provisions detailed in the contract. The terms of warranty execution are as follows: ».

1. A. Hubert, *Le contrat d'ingénierie conseil,* Paris, Éditions Masson, 1980, p. 187.

« En dehors des garanties usuelles et réglementaires, le fournisseur doit garantir au client les caractéristiques, le fonctionnement et le rendement découlant des dispositions du contrat. Les modalités de mise en œuvre de la garantie sont les suivantes :... »

2 Clauses pénales *(liquidated damage clauses)*

Les clauses pénales sont extrêmement fréquentes dans les contrats internationaux. Ces clauses sont destinées à couvrir forfaitairement le créancier des effets dommageables pour lui de l'inexécution des obligations du débiteur. De fait, celles-ci assurent le paiement rapide d'un montant prédéterminé, et évitent ainsi un examen lourd et coûteux du préjudice réellement subi.

Ainsi l'hypothèse est donc celle du retard d'exécution par rapport aux engagements contractuels :

« If the contractor fails to complete the construction supply, erection, operation, maintenance or any of them within this period in Article ___ of these conditions, or within the period fixed... »

« If the Contractor should fail to complete and deliver the works and/ or to render and accomplish the services in full on the specified dates of completion of each contractual Task... »

« Si un retard dans l'achèvement de la mission du constructeur telle qu'elle est prévue au planning contractuel, ou prévue à l'Article ... »

« Si un retard imputable au constructeur relatif à l'achèvement ou à la livraison des travaux mettait ce dernier dans l'impossibilité d'exercer ses obligations contractuelles dans les délais prévus... »

La clause prévoit parfois que le retard doit être imputable au débiteur :

« Pour tout retard imputable au constructeur dans l'achèvement des travaux d'infrastructure du complexe industriel tel qu'il est prévu au planning contractuel de réalisation figurant à l'Annexe ____ aux présentes ... »

« In the event that, except for reasons due to "A" or to force majeure, or other similar events beyond the control of A, the beginning of reception tests is beyond the contractual delivery date... »

La pénalité consiste habituellement dans le paiement d'une certaine somme ou d'un certain pourcentage du prix, par période de retard :

« Par non-respect des délais garantis à l'article 10, A paiera à B 30 000 euros par semaine entière de retard pour chaque section. »

« A shall pay B liquidated damages at the rate of 30 000 euros per week of delay. »

L'objectif indemnitaire de la clause pénale, admis en principe par les droits nationaux, est souvent doublé de la volonté d'une des parties de faire pression sur l'autre pour la contraindre à exécuter effectivement son obligation.

Les plafonds sont en fait fixés dans l'intérêt des créanciers et non des débiteurs. En d'autres termes, le but est d'établir une période maximale pendant laquelle le créancier tolère un retard et accepte comme dédommagement unique la pénalité de retard préétabli.

La clause pénale ne devrait pas exclure, en principe, l'application d'autres sanctions contractuelles telles que : résiliation de la convention, demande de dommages et intérêts supplémentaires, etc.

3 Résiliation ou résolution du contrat

L'inexécution d'une obligation contractuelle peut avoir pour conséquence l'exécution forcée, la résiliation, et l'octroi de dommages et intérêts. Ce dernier type de réparation est l'hypothèse la plus fréquemment utilisée.

L'inexécution des obligations contractuelles a trait non seulement à la responsabilité du débiteur défaillant et à l'indemnisation du créancier lésé, mais aussi à la vie du contrat.

La possibilité de résolution du contrat peut faire l'objet de dispositions contractuelles particulières, comme elles peuvent être dépendantes d'autres clauses conventionnelles examinées plus haut, telles que les clauses de force majeure, de hardship, d'exonération de responsabilité, ou encore les clauses pénales. Pour arriver à la rupture du contrat, le code civil exige par exemple la mise en demeure préalable du débiteur par lettre recommandée : *« La résolution doit être demandée en justice, et il peut être accordé au défendeur un délai selon les circonstances »*, énonce l'article 1184, alinéa 3 du code civil.

Exemple de clause de résiliation

Termination: « Should the Seller fail to perform any of the terms and conditions of this Agreement, after receipt of notice from the Buyer – within such longer period as may be mutually agreed upon – the Buyer shall further be relieved from accepting any undelivered items. The Buyer retains all its rights and remedies provided by laws. No action by the Buyer shall not constitute a waiver of any such right or remedy.»

Résiliation : « Si le Vendeur ne respecte pas les stipulations du présent contrat, après avoir été avisé par l'Acheteur dans tout délai plus long susceptible d'être convenu, l'Acheteur ne sera plus tenu de prendre livraison des matériels non livrés. L'absence d'action de la part de l'Acheteur ne pourra être considérée comme une renonciation à de tels droits ou actions. »

Chapitre 6

Règlement des conflits

1 Choix de la juridiction compétente

Les parties à un contrat international peuvent convenir de la juridiction compétente pour trancher un conflit. Pragmatiquement, la partie forte du contrat a intérêt à imposer une clause de juridiction désignant les tribunaux d'un pays ou le cocontractant possède des actifs saisissables.

« Article 14 - Governing law

The Agreement should be governed by the laws of France. »

« Article 14 - Loi applicable

Le Contrat sera régit par la loi française. »

A défaut de choix opéré par les parties, le tribunal compétent pour trancher un conflit international sera désigné par le droit international privé du tribunal national saisi et s'harmonisera avec les solutions des traités internationaux.

S'agissant de l'Europe communautaire, l'attention sera portée sur les règles de la Convention de Bruxelles du 27 septembre 1968, concernant la compétence judiciaire et l'exécution des jugements en matière civile et commerciale.

Convention de Bruxelles du 27 septembre 1968

La Convention de Bruxelles permet aux parties, dont l'une au moins a son domicile sur le territoire d'un État contractant, de désigner « un tribunal ou les tribunaux d'un État contractant pour connaître des différends nés ou à naître à l'occasion d'un rapport de droit déterminé. » (art 17. al. 1 de la convention)

Pour être valable, la clause attributive de compétence doit être conclue, soit par écrit, soit verbalement avec confirmation écrite, soit en matière de commerce international, en une forme reconnue par les usages et les parties au contrat. Dans l'hypothèse où les parties n'ont pas désigné le tribunal compétent, la convention de Bruxelles stipule que *« les personnes domiciliées sur le territoire d'un État contractant sont attraites quelle que soit leur nationalité, devant les juridictions de cet État. »* (art. 2 al. 1)

Il faut savoir que la liberté laissée aux parties par la convention de Bruxelles disparaît totalement pour certaines matières pour lesquelles une compétence exclusive est reconnue à certains tribunaux :

Droits réels immobiliers et baux d'immeubles : tribunaux de l'État CEE ou est situé le bien ;

Sociétés et personnes morales : tribunaux de l'État où est situé le siège social ;

Brevets, marques : tribunaux de l'État dépôt ou de l'enregistrement (art. 16).

2 Recours à l'arbitrage

La plupart du temps, les contrats internationaux incluent une clause compromissoire ou arbitrale. Il s'agit d'une convention par laquelle les parties à un contrat « *s'engagent à soumettre à l'arbitrage les litiges qui pourrait naître relativement à ce contrat.* » (art. 1442 du Nouveau code de procédure civile français).

2.1 La Clause d'arbitrage

Exemple de clause d'arbitrage

« Settlement of disputes:

Article 15 - Arbitration

All disputes arising out of or in connection with this Agreement shall be finally settled by arbitration under the ICC (International Chamber of Commerce) in Paris. The place of arbitration should be Paris. »

« Règlement des conflits :

Article 15 - Arbitrage

Tous litiges survenant à propos du présent contrat seront soumis à l'arbitrage de la CCI (Chambre de Commerce Internationale à Paris). Le lieu d'arbitrage sera Paris. »

2.2 Pourquoi choisir l'arbitrage ?

Le recours à l'arbitrage est surtout à conseiller lorsqu'on a des raisons sérieuses de craindre la partialité des tribunaux ou le litige sera porté.

2.3 Caractère licite de l'arbitrage

La plupart des législations reconnaissent la validité des clauses d'arbitrage. Néanmoins, certaines matières touchant à l'ordre public sont considérées par les lois nationales comme ne pouvant faire l'objet d'une sentence arbitrale, par exemple lorsqu'il s'agit de questions concernant la défense nationale ou le statut des personnes.

Deuxième partie

LES CONTRATS TYPES INTERNATIONAUX

Chapitre 1

La vente internationale de marchandises

1 Généralités

Le contrat de vente est une convention par laquelle le vendeur s'oblige à livrer une chose, et l'acheteur à la payer. Cet accord a pour but de répartir les frais et risques entre le vendeur et l'acheteur. La rédaction du contrat est primordiale car elle facilite les échanges et, surtout, évite les contestations. Le contrat de vente internationale est régi par des différentes règles dont l'objectif est d'harmoniser et faciliter les échanges internationaux.

1.1 Les incoterms

Les *incoterms* réglementent les problèmes liés à la logistique internationale et aux transferts de propriété des marchandises. Ils permettent de répartir les frais et les risques de l'acheminement de la marchandise entre le vendeur et l'acheteur. Les incoterms constituent aujourd'hui la base des règles du commerce international. Ils sont généralement exprimés par des sigles, tels que F.O.B., C.I.F., etc.

1.2 Le contrat

Pour que le contrat se réalise, il faut que les deux parties aboutissent à un consentement. L'accord des parties contractantes dépend de l'offre, des conditions générales de vente et de l'acceptation.

1.2.1 L'offre et la facture pro-forma

L'offre commerciale est la base du contrat de vente. Elle doit être ferme, claire et sans aucune ambiguïté. Une offre s'appuie sur un document écrit et doit être rédigée dans une langue parfaitement comprise par le client.
La facture *pro-forma* est le document qui matérialise l'offre commerciale. Elle est considérée comme un devis qui détermine les grandes lignes de la vente. La facture pro-forma reprend tous les éléments de la facture commerciale et permet à l'acheteur de prendre connaissance des spécifications relatives à l'offre. Enfin, cette facture engage

Contenu de la facture pro-forma	
Les parties au contrat	• Inscrire les coordonnés exactes des parties contractantes avec si possible le nom des représentants respectifs de chaque société
L'objet	• Établir une description détaillée du produit ou service, avec tous les aspects techniques, et les détails du conditionnement (volume, poids et emballage)
Les modalités de transport	• Déterminer l'incoterm, le mode de transport et les délais précis de livraison
Le prix	• Le prix doit être détaillé (prix unitaire, etc.), ferme et définitif, afin d'éviter tout malentendu. L'acheteur et le vendeur doivent définir à ce moment le mode et les délais de règlement.

la responsabilité et fixe les obligations du vendeur. En tout état de cause, le contrat doit définir les rapports juridiques entre les deux parties, c'est le but des conditions générales de vente.

1.2.2 Les conditions générales de vente

Les conditions générales de vente permettent aux entreprises de définir le cadre juridique de leurs rapports commerciaux. Les conditions générales de vente sont propres à chaque exportateur. Elles définissent les droits du vendeur et lui permettent de défendre ses intérêts. Les conditions générales doivent être rédigées de manière claire et dépourvue d'équivoque. Elles sont rédigées soit dans la langue du pays de l'acheteur soit en anglais. L'exportateur doit aller à l'essentiel et se soucier avant tout des éléments les plus importants tels que le prix, les conditions de paiement, les délais de livraison et les modalités liées au règlement des litiges. L'acheteur doit prendre connaissance des conditions générales de vente avant la conclusion du contrat, sans quoi elles seraient considérées juridiquement comme inefficaces. Enfin, il faut savoir que certains pays imposent des conditions générales d'achat. En règle générale, elles s'opposent à celles du vendeur. Dans ce cas, les deux parties doivent négocier et analyser les conditions générales au regard du droit qui gouverne le contrat. Le silence de l'acheteur est considéré comme une acceptation.

1.2.3 L'acceptation

L'acceptation de l'offre constitue l'accord du client et permet de conclure le contrat de vente. Le contrat se concrétise seulement au moment où l'offre est suivie d'une acceptation. Tant que cette dernière n'a pas eu lieu, l'offre peut être rétractée. Une acceptation doit être transmise sous une forme écrite afin que le vendeur obtienne une certaine garantie et se constitue une preuve en cas de litige. Dans ce cas précis, l'acceptation prend la forme d'un bon de commande ou d'un contrat. L'acceptation orale n'est pas conseillée du fait de l'absence de preuve, à moins que le contrat soit simple et qu'il soit exécuté par des personnes loyales et de bonne foi. Malgré tout, une confirmation écrite est toujours recommandée. Attention, en cas de litige l'acceptation par télex ou par fax ne constitue pas une preuve suffisante. Les entreprises ont aussi recours à des contrats types pour formaliser l'accord des deux parties. Les contrats types sont des moyens pratiques mais ils ont l'inconvénient de ne pas être négociables. Le moyen le plus sûr, est d'établir des contrats sur mesure pour chaque client.

1.2.4 Les clauses du contrat

Les contractants	• Identifier les contractants (acheteur/vendeur) : Nom des sociétés, raisons sociales, adresses détaillées et le nom des représentants respectifs
Nature du contrat	• Définir l'objet du contrat (produit ou service) • Décrire les aspects techniques, la quantité, le volume, le poids et éventuellement le mode d'emballage car l'acheteur peut émettre des exigences
Prix et modes de paiement	• Le prix est accompagné de l'incoterm qui détermine la répartition des frais de transport, des droits de douane, de l'assurance et le moment du transfert de propriété • Le prix de la marchandise sera détaillé (prix unitaire et total) • Prévoir un mode de règlement qui assure une sécurité maximale au vendeur • Les versements d'acompte garantissent la commande • En cas de crédit documentaire, le vendeur note la demande d'ouverture • Enfin, si la législation le permet, une clause de réserve de propriété peut être insérée dans le contrat

Les modalités de transport	• Déterminer le mode transport en cohérence avec la nature de la marchandise, la destination, et la sécurité • En fonction de l'incoterm, les obligations respectives des parties contractantes sont précisées
Les modalités de livraison	• Déterminer la date, le lieu de chargement et de livraison • Définir les délais de livraison en fonction de l'entrée en vigueur du contrat. Le respect de ces délais est l'une des obligations majeures du vendeur. Prévoir et imposer dans le contrat des pénalités en cas de retard
La force majeure	• Indiquer le cas de force majeure pour les événements imprévisibles. En principe, il faut éviter d'accepter le cas de force majeure invoqué par l'acheteur dans la mesure où il ne l'impose pas
Les garanties	• Définir les engagements des deux parties en matière de garantie. Ex : la caution de restitution d'acompte pour le vendeur
La juridiction en cas de litige	• Déterminer le droit applicable pour le règlement des différends • Le droit français n'est pas toujours la meilleure solution car il est très protecteur de l'acheteur. En revanche, si le choix se tourne vers le droit de l'acheteur, il faut obligatoirement le maîtriser.
La langue	• Déterminer la langue du contrat. Celle-ci devra être maîtrisée par les deux parties. Attention toutefois aux problèmes de traduction

CONTRAT TYPE

2 CONTRAT TYPE

Vente internationale de marchandises

Entre les soussignés :
La société ________________, *[forme juridique]* au capital de ________________ euros, dont le siège social est __________ ________, enregistrée au Registre du Commerce et des Sociétés de ___________sous le numéro _____________, représentée par M. _________________________ *[nom et qualité]*,

ci-après désignée l'Acheteur,

d'une part,

et

La société ________________, Société *[forme juridique]* au capital de ________________ euros, dont le siège social est __________ ________, enregistrée au Registre du Commerce et des Sociétés de ______________ sous le numéro ____________, représentée par M. _______________________ *[nom et qualité]*,

ci-après dénommée le Vendeur,

d'autre part,

Il a été convenu ce qui suit :

Article premier - Objet

Le Vendeur vend à l'Acheteur, aux conditions ci-après définies, les marchandises suivantes : ________________, ci-après définies comme « le produit »,

Article 2 - Attestation de vérification

Le produit sera contrôlé sur la base des systèmes NQA. Sur un lot de 1000 unités, 32 seront examinées. Un lot ayant un défaut sur 32 sera accepté ; un lot avec 4 défauts sera rejeté. Un lot avec 2 ou 3 défauts sera réexaminé.

Article 3 - Présentation, conditionnement, marquage

Chaque produit doit porter une étiquette ; chaque produit doit être placé dans un sac en plastique de *[dimension]* avec un carton de *[dimension]* au milieu. Le sac doit être fermé avec un carton imprimé à l'intérieur. Les produits doivent être placés dans des cartons d'emballage étanches. Former des palettes de *[nombre]* cartons, les emballer convenablement pour résister à un transport maritime. Marquage sur 4 côtés, indiquant le nom de la société, numéro de palette et l'indication **« INTERDIT D'UTILISER DES CROCHETS »**.

Article 4 - Documents d'expédition

Liste :

- facture ;
- jeu complet de connaissements négociables portant la mention *« chargé et/ou reçu à bord » (« on board »)* sans réserves, fret payé (lettre de garantie pour les exemplaires manquants) ou *delivery order* créé par le transporteur maritime ;
- police, avenant de banque ou certificat d'assurances portant les mentions *« prime payée »* et *« souscrit aux conditions commerciales en vigueur »*, ou lettre de garantie ;
- certificat d'origine ou de circulation, ou lettre de garantie le remplaçant provisoirement ;
- tous certificats ou documents rendus exigibles par les textes des accords internationaux s'appliquant aux transactions effectuées relatifs aux produits entre le pays d'origine et le pays de destination.

N.B.: L'Acheteur peut exiger que toute lettre de garantie soit bancaire.

Article 5 - Livraison

La livraison sera effectuée par remise directe des marchandises à l'acquéreur dans un délai maximal défini ci-après à compter de l'acceptation de la commande par le Vendeur.

La livraison s'effectuera dans les délais ci après définis :

Par avion : délais maximum de_____ semaines /mois rendu *[destination]*

Par voie maritime : délai maximum de ____semaines/mois rendu *[destination]*

CONTRAT TYPE

A réception, l'Acheteur devra vérifier l'état des marchandises et faire par écrit, au plus tard 3 (trois) jours après réception, les réclamations éventuelles en cas de non-conformité ou de vices apparents.

Article 6 - Prix

____________ US$ /euros par _______ *[unité/tonnage]*

Article 7 - Assurance

Prise en charge par le Vendeur.

Article 8 - Retour des marchandises

Le retour des marchandises, en cas de non-conformité ou de vices apparents, ne pourra se faire qu'avec l'accord écrit de l'Acheteur et du Vendeur et en aucun cas au-delà d'un délai de 3 (trois) jours après réception.

En cas de retour, la reprise des marchandises par le Vendeur entraînera automatiquement constitution d'un avoir au profit de l'Acheteur.

Une fois les vices apparents ou la non-conformité établis, l'Acheteur pourra soit se faire rembourser, soit obtenir le remplacement des marchandises.

Article 9 - Clause de réserve de propriété

En cas de non-paiement des documents conformes aux conditions de la vente par l'Acheteur, le Vendeur peut le mettre en demeure d'avoir à effectuer le paiement dans les 48 (quarante-huit) heures.

A défaut de paiement effectué dans ce délai le Vendeur peut disposer librement des marchandises et, déclarant l'Acheteur en défaut, peut demander que soient fixées par voie d'arbitrage les conditions de résiliation du contrat, aux torts et griefs de l'Acheteur (avec différence de cours, éventuellement pénalité et intérêts à la charge de ce dernier).

Article 10 - Paiement

Par lettre de crédit irrévocable, à vue.

Article 11 - Garantie

Les biens vendus sont garantis contre tous vices cachés et apparents pendant une durée de 3 (trois) jours à compter de la livraison.

Le vendeur s'engage à remplacer gratuitement les produits impropres à la consommation.

Article 12 - Force majeure

A peine de caducité, l'invocation du cas de *force majeure* doit être faite au plus tard 8 (huit) jours après la période d'embarquement. Au cas où l'embarquement est empêché ou retardé en raison d'événements imprévisibles et insurmontables résultant d'interdiction d'exportation, d'incendie, de grèves, de lock-out, d'émeutes de guerre de révolution ou d'autre cas de force majeure, la période d'embarquement est prolongée d'un mois.

Si le retard d'embarquement excède un mois, l'Acheteur a l'option :

- soit d'annuler le contrat pour toute quantité non-embarquée ;
- soit d'accepter l'exécution du contrat par embarquement effectué dès que la cause initiale de l'empêchement ou du retard a disparu, mais au plus tard dans les cinq mois suivant la date d'expiration du premier mois de prolongation. Passé ce délai, le contrat est annulé de plein droit pour toute quantité non-embarquée.

Cette option doit être déclarée par écrit par l'Acheteur au Vendeur dès que celui-ci annonce son incapacité d'embarquer pendant la période prolongée, mais au plus tard dans les 7 (sept) jours suivant la fin du mois qui suit la période contractuelle.

Le contrat est nul si l'Acheteur ne déclare pas la susdite option dans les conditions prévues ci-dessus. Dans tous les cas, le Vendeur a la charge d'aviser promptement son Acheteur et de lui fournir les éléments de preuve.

Article 13 - Clause résolutoire

En cas d'inexécution par l'une des parties des obligations visées aux articles ci-dessus, le contrat sera, si bon le semble au créancier des obligations inexécutées, résolu de plein droit sans préjudice des dommages-intérêts qui pourraient être réclamés à la partie responsable de l'inexécution.

La résolution prendra effet 30 (trente) jours après mise en demeure restée infructueuse.

Article 14 - Clause compromissoire

De convention expresse, tout litige pouvant survenir entre le Vendeur et l'Acheteur, pour quelque cause que ce soit au sujet du présent contrat, sera tranché par arbitrage organisé par la Chambre de Commerce Internationale à Paris conformément à son règlement que les parties déclarent connaître et accepter. La sentence arbitrale sera finale et sans appel.

Article 15 - Loi applicable

Le présent contrat et ses conséquences sont régis par la loi française.

Article 16 - Enregistrement

Les droits d'enregistrement sont à la charge du Vendeur.

Fait à _____, le _________, en six exemplaires,

Le Vendeur	L'Acheteur
____________________	____________________

International Sale of Goods

Between

__________, a limited liability company under the laws of France, registered office (France), represented by ______________________ in his capacity as Managing Director, hereinafter called, "the Seller",

And

________________, a limited liability company under the laws of ______________, registered office, ________________, represented by ______________ in his capacity as CEO, hereinafter called "the Buyer",

Article 1 - Definition

The Seller shall sell to the Buyer the above mentioned goods _______, defined hereinafter as "products".

Article 2 - Certification

A verification of the products will be carried out on the basis of AQL systems. For a lot of 1,000 units, 32 pieces will be examined. A lot with 1 defect in 32 will be accepted; 4 defects will result in the lot being rejected. A lot with 2 or 3 defects will be re-examined

Article 3 - Making-up, Packing and Marking

Each product is to be tag-marked, each tag to be sewn at the right-hand side of the end edge of the sheet; each product is to be packed in a plastic bag *[dimension]* with a cardboard *[dimension]* in the middle. The bag is to be closed with printed cardboard. Products are to be packed in waterproof boxes. Pallets of *[number]* boxes are to be made, suitably packaged. Loading must be seaworthy. Shipping marks must be on four sides, indicating company, pallet number, and **"NO HOOKS TO BE USED"**.

Article 4 - Consignment Documents

List:

- Invoice;
- Complete set of freight-paid clean on board negotiable bills of fading marked "loaded and/or received on board" (Letter of guarantee for any missing copies) or delivery order raised by the carrier;

CONTRAT TYPE

- Policy, or insurance certificate marked which complies with regular trade conditions or “letter of guarantee”;
- Certificate of origin or movement, or letter of guarantee in provisional replacement;
- Any certificate and document required under international Agreements applying to product transactions between the country of origin and the country of destination.

N.B.: The buyer may demand that all letters of guarantee be bank guaranteed.

Article 5 – Date and Place of Delivery

Shipment shall be provided to buyer by direct remittal of the said products within a maximum period defined hereunder after acceptance of the order by Seller.

Shipment shall be provided within the period defined hereunder:

By plane: Maximum period of ____ weeks/ months delivered in *[destination]*

By sea: Maximum period of _________weeks /months delivered in *[destination]*

Upon reception, Buyer shall check the products and shall give notice of any possible claims to the other Party by registered letter with bill of receipt not later than 3 (three) days after reception of the said products, in the event the said products shall be considered with hidden and latent defects.

Article 6 - Price

____________ US$ /euros per _______ *[number of units, tonnage]*

Article 7 - Insurance

To be covered by Seller.

Article 8 – Return of the Goods

In the event the products shall be considered with hidden and latent defects, the return of the products hereunder shall be accepted after acceptance of Buyer and Seller. The invocating Party shall give notice to the other Party by registered letter with bill of receipt, or by telex or facsimile transmission within eight days of the event within a three days' period after reception of the said products.

In the event products shall be returned, the reception of the said products by Seller shall lead automatically to a credit for the benefit of the Buyer.
Once the hidden and latent defects have been considered, Buyer shall be either reimbursed, or shall obtain the replacement of the said products.

Article 9 – Transfer of Title

In the event of non-payment by the Buyer for documents complying with the conditions of this sale, the Seller may give him formal notice to effect payment within forty-eight hours.
If payment is not made within that period the Seller may freely dispose of the goods and, declaring the Buyer to be in default, may ask for the terms of the close-out of this contract to be fixed by means of arbitration (with any price difference, penalty and interest to be borne by the Buyer).

Article 10 - Payment

By irrevocable letter of credit, at sight.

Article 11 - Warranty

All products are considered to be without hidden and latent defects within a period of three days after delivery.
Seller shall replace free of charge any product which does not comply with the specific conditions referred hereunder.

Article 12 - Force Majeure

The claim for force majeure shall be made not later than eight days after the shipment period failing which it shall be deemed to be inadmissible.
In the event of shipment being prevented or delayed by reasons of unforeseeable and insurmountable events resulting from a ban on exports, fire, strike, lockout, riot, war, revolution or other cases of force majeure, the shipment period shall be extended by one month.
If the shipment delay exceeds one month the Buyer shall have the option:

- Either of terminating this contract in respect of any quantity not shipped;
- Or of continuing to perform this contract by a shipment effected as soon as the original cause of the prevention or delay has ceased to exist, but not later than five months after the end of the first month's extension. When this period has elapsed, this contract shall be automatically cancelled for any quantity not shipped.

This above mentioned option shall be declared in writing by the Buyer to the Seller as soon as the latter has notified the inability to ship during the extended period but not later than seven days from the end of the month following the shipment period stipulated in this contract.
This contract shall be deemed void if the Buyer does not declare the above-mentioned option in the manner set out above. In all cases it shall be for the Seller to give prompt notice to the Buyer and supply proof of force majeure.

Article 13 - Cancellation

In the event the obligations of one of the Parties don't comply with the articles referred to hereunder, the contract shall be, if required by the creditor of the said obligations, cancelled, by giving notice to such termination to the debtor of the obligations within one month. Such notice shall serve to discharge the Parties hereto from their mutual obligations and responsibilities under this Agreement with respect to such products. Cancellation of the contract shall be effective thirty days within the creditor's inefficient notice.

Article 14 - Arbitration Clause

By express Agreement, any dispute arising between the Seller and the Buyer for any reason whatsoever relating to this contract shall be settled by arbitration by the "International Chamber of Commerce" (ICC) in accordance with its rules which both Parties declare they are familiar with and accept. The arbitration award shall be final and not subject to appeal.

Article 15 - Applicable Law

This contract and its consequences shall be subject to French Law.

Article 16 - Language

This Agreement exists in six original copies, in English.
Any translation, particularly into Korean or French, shall be reputed for the sole needs of Party responsible for requesting, performing or commissioning the translation.
In the event of a dispute, the English original shall prevail.

Article 17 - Registration and fiscal Charges

All charges, taxes and duties payable with respect to the Agreement above shall be borne, in each country, by the resident Party who under-

takes to make prompt payment and comply with all fiscal requirements in respect of the Agreement.

Agreement made in ___________, this_______ day of________, in 6 (six) original copies.

The Seller ____________________________

The Buyer ____________________________

Chapitre 2

Le contrat de transport aérien

1 GÉNÉRALITÉS

Le contrat de transport aérien est soumis à la convention de Varsovie du 12 octobre 1929. Cette convention s'applique à tout transport *international* par aéronef dont le point de destination, qu'il y ait ou non interruption ou transbordement, se situe (art.1) :

- Sur le territoire de deux États contractants ;
- Sur le territoire d'un même État contractant ;
- Sur le territoire d'un même État contractant à la condition qu'une escale soit prévue sur le territoire d'un autre État, même non-contractant.

1.1 Les transports successifs

Ils ne forment qu'un *seul contrat de caractère international* et la convention règle la responsabilité des différents transporteurs (art. 30). En cas de transports combinés, elle ne s'applique qu'au transport par air (art. 31).

Le contrat est conclu sur la base d'une lettre de transport aérien, nécessairement émise par l'expéditeur et sous sa responsabilité.

1.2 Déclaration de l'expéditeur

Ce dernier peut formuler ses instructions détaillées par le biais d'une déclaration d'expédition. Il indiquera notamment :

- La nature de la marchandise, le nombre, les marques et l'emballage ;
- Le régime de l'expédition en port payé ou en port dû ;
- Le règlement financier ;
- La valeur de la marchandise ;
- Le cas échéant, la somme prévue en remboursement ;
- Le montant des débours repris sur la lettre de transport aérien.

Le prix n'est soumis à aucune réglementation

1.3 Assurances

Le contrat d'assurance des marchandises transportées par air est, à défaut de précision contraire, régi par le code des assurances (art. L.111-1s). Les conditions générales de la police française sont incluses dans l'imprimé du 25 octobre 1990.

1.4 Prise en charge de la marchandise

Elle a lieu lorsque le transporteur prend possession des marchandises. Elle est présumée accomplie lorsque la marchandise a été entreposée dans ses locaux après que la lettre de transport aérien a été établie.

1.5 Livraison

A défaut de précision contraire dans la convention de Varsovie, la livraison doit s'entendre dès la prise de possession effective de la marchandise.

1.6 Action en réparation

L'action en réparation pour pertes, avaries ou retard ne peut être intentée que par l'expéditeur ou le destinataire figurant sur la lettre de transport aérien ou toute personne subrogée dans ses droits, tel l'assureur de la marchandise.

En revanche, l'expéditeur ou le destinataire réel de la marchandise qui ne figure pas sur la lettre de transport n'a pas d'action contractuelle contre le transporteur.

Dans l'hypothèse de transports successifs, l'action peut être dirigée contre :

- le premier transporteur ou le transporteur qui a effectué le transport au cours duquel le dommage s'est produit, lesdits transporteurs étant solidairement responsables ;
- le dernier transporteur ou le transporteur qui a effectué le voyage au cours duquel le dommage s'est produit, ces deux transporteurs étant solidairement responsables. Est dernier transporteur celui qui s'est substitué à un autre transporteur.

Lorsque l'action est intentée contre un préposé, celui-ci bénéficie de la limitation de la responsabilité applicable au transporteur lui-même s'il établit :

- Qu'il agit dans l'exercice de ses fonctions ;
- Qu'il n'y a pas eu faute dolosive ou téméraire.

2 Contrat type

Transport aérien de marchandises

Entre les soussignés :

La société ________________, *[forme juridique]* au capital de ________________ euros, dont le siège social est __________ ________, enregistrée au Registre du Commerce et des Sociétés de ___________sous le numéro ______________, représentée par M. ___________________________ *[nom et qualité]*,

ci-après désignée « le Transporteur »,

d'une part,

et

La société ________________, Société *[forme juridique]* au capital de ________________ euros, dont le siège social est __________ ________, enregistrée au Registre du Commerce et des Sociétés de ______________ sous le numéro ___________, représentée par M. ________________________ *[nom et qualité]*,

ci-après dénommée « l'Expéditeur »,

d'autre part,

Il a été convenu ce qui suit :

Article premier - Contrat de transport

Le présent contrat est un contrat de transport aérien de marchandises soumis aux dispositions de la convention de Varsovie du 12 octobre 1929, telle que modifiée, et à celles du code de l'aviation civile française.

Article 2 - Modification dans la situation des parties

Le présent contrat a été conclu par chacune des parties en considération de la personne, de l'expertise et des particularités opérationnelles de l'autre Partie. En conséquence :

ni l'une ni l'autre partie ne pourra céder ses droits et obligations au titre des présentes, sauf accord préalable écrit de l'autre partie qui devra être demandé avec un préavis raisonnable et au plus tard au moins soixante (60) jours avant le prochain transport prévu au calendrier de transport ;

le Transporteur pourra résilier le présent contrat sans indemnité de quelque nature que ce soit au bénéfice de l'Expéditeur si l'Expéditeur fait l'objet d'une réorganisation, d'une fusion, d'une scission, d'une cession judiciaire, d'une location-gérance ou de tout autre mesure modifiant de manière substantielle la répartition de son capital ou de ses organes de direction ou l'organisation de ses activités ou, plus généralement, si d'une manière quelconque et quelle qu'en soit la forme juridique, les activités de l'Expéditeur en rapport avec lesquelles les Transports objet des présentes ont été contractés deviennent concurrentes de ses activités.

Article 3 - Obligations du Transporteur

3.1 Obligations préliminaires

Le Transporteur a fourni à l'Expéditeur un dossier technique, contenant l'information de base relative au chargement et au déchargement du matériel et aux caractéristiques requises pour l'interface, compte tenu des spécificités de l'appareil. Le Transporteur tiendra également compte, dans la mesure des informations communiquées par l'Expéditeur préalablement à la signature des présentes, des spécificités du matériel et de celles des lieux et infrastructures de chargement et de déchargement.

3.2 Chargement et déchargement

(Cf. Cahier des charges en annexe 1 : Responsabilité des parties)

La responsabilité du Transporteur ne pourra pas être recherchée pour des dommages survenus au matériel avant la prise en charge lors du chargement, du déchargement, ou même pendant les opérations de transport, ni pour aucun retard, si la cause du dommage ou du retard est imputable à l'Expéditeur soit qu'elle soit due à une fourniture d'information incomplète ou inexacte par l'Expéditeur eu égard aux spécificités du matériel, ou aux spécificités des opérations ou infrastructures de chargement ou de déchargement, soit qu'elle provienne d'une incapacité de l'expéditeur à définir, concevoir ou réaliser l'interface ou les moyens de chargement et de déchargement lui incombant ou autrement exécuter ses obligations aux termes des présentes.

3.3 Transport

Le Transporteur assurera l'arrimage et le désarrimage du matériel et effectuera le ou les transports prévus aux présentes aux dates et dans les délais convenus à l'article 8 et sous réserve des autres conditions des présentes.

Le Transporteur sera seul responsable, eu égard aux impératifs réglementaires et de sécurité, de l'itinéraire, du choix des escales (techniques ou autres) et plus généralement, de la décision de prendre l'air et de la conduite des opérations de vol.

Article 4 - Obligations de l'Expéditeur

4.1 Obligations préliminaires

L'Expéditeur fournira toutes les informations requises aux fins de l'exécution des présentes et pour assurer la pleine sécurité des transports et de toutes les autres opérations envisagées par les présentes, tant en ce qui concerne le matériel qu'en ce qui concerne le lieu et infrastructure de chargement.

4.2 Chargement et déchargement

(Cf. Annexe 1 : Responsabilité des parties.)

L'Expéditeur informera le Transporteur de tout événement susceptible d'affecter l'exécution de ses obligations, notamment s'il est susceptible d'en résulter un retard ou une incidence quelconque sur le ou les transports objet du contrat.

L'Expéditeur fournira toute l'assistance technique et les moyens matériels et humains que le Transporteur pourra requérir et, notamment, il fera en sorte que ses préposés ou mandataires (dont les noms et les fonctions seront indiqués) soient présents sur les lieux de chargement et de déchargement (aux dates et pour les durées communiquées).

4.3 Conformité du matériel

L'Expéditeur devra faire en sorte que le matériel soit à tous égards en état d'être transporté de la manière envisagée aux présentes et il devra avoir satisfait, préalablement au transport, à toutes ses obligations de déclarations, d'autorisations ou de paiement de droits et taxes visés à l'article 7.

Le Transporteur aura le droit de suspendre ou résilier tout transport objet des présentes, et le cas échéant de résilier les présentes en totalité, conformément aux dispositions de l'article 8 si l'Expéditeur ne justifie pas – au plus tard 1 (un) jour franc avant le décollage de l'appareil – avoir pris toute disposition pour exécuter ses obligations au titre du présent contrat.

Si, après le décollage de l'appareil et pour une raison quelconque, y compris la survenance d'un événement de force majeure, il est manifeste que lesdites obligations de l'Expéditeur ne pourront pas être exécutées, le Transporteur pourra soit dérouter l'appareil sur une destination de son choix (y compris le retour de l'appareil à son point de départ), soit poursuivre le vol jusqu'au point de destination. Dans ce dernier cas, ou dans le cas où la défaillance de l'Expéditeur n'apparaîtrait qu'après l'atterrissage de l'appareil, le Transporteur pourra, aux frais et risques de l'Expéditeur :

- soit faire décharger le matériel par tout moyen disponible sur place, l'entreposer et en faire assurer la garde matérielle de la manière la plus appropriée compte tenu des moyens et de l'infrastructure locale,
- soit ramener le matériel dans l'appareil vers une tierce destination et l'y faire également décharger, entreposer et garder.

Lesdites opérations de déchargement, d'entreposage et de garde seront effectuées au nom et pour le compte de l'Expéditeur, qui donne d'ores et déjà par la présente mandat exprès au Transporteur à cet effet, dans l'intérêt commun des deux parties, la garde juridique et les risques du matériel repassant à l'Expéditeur dès le début des opérations de déchargement.

Le Transporteur notifiera immédiatement les mesures prises à l'Expéditeur, qui sera seul responsable des rapports ultérieurs avec les personnes en charge de l'entreposage ou du gardiennage, les autorités locales et tous tiers.

Les dépenses, frais et coûts subis par le Transporteur en rapport avec la non-réception du matériel ou le déroutement de l'appareil, y compris tous frais de carburant, seront immédiatement remboursés par l'Expéditeur, ainsi que tous dommages résultant de tout retard ou désorganisation des activités du Transporteur. Pour plus de certitude, les parties conviennent que le Transporteur n'aura pas d'obligation de

CONTRAT TYPE

régler des loyers, honoraires, frais, droits ou autres sommes quelles qu'elles soient pour assurer l'entreposage, le gardiennage ou la conservation du matériel après le déchargement au-delà d'une période de quarante-huit (48) heures.

Article 5 - Autorisations, droits et taxes

5.1 L'Expéditeur devra fournir au Transporteur, au plus tard quinze (15) jours francs avant la date prévue pour chaque transport, tous les documents nécessaires à l'établissement des déclarations ou autorisations d'exportation et/ou d'importation ou autres documents sanitaires ou de sécurité ou attestation de matières dangereuses en rapport avec le transport du matériel pouvant être requis au départ, à l'arrivée ou lors des escales.

5.2 Si le Transporteur estime qu'un des documents justificatifs visés au paragraphe 5.1 est manquant ou incomplet d'une manière pouvant compromettre l'exécution du transport, le déchargement, le dédouanement ou la réception du matériel, ou plus généralement la régularité du transport ou la sécurité de ses préposés et mandataires, les dispositions de l'Article 8 s'appliqueront.

Article 6 - Calendrier du transport

La date de chaque transport sera convenue entre les Parties de la manière suivante :

6.1 chaque transport sera effectué à une date comprise dans une période de trois (3) semaines ;

6.2 quatre (4) mois avant le premier jour de ladite période de trois semaines, les parties conviendront d'une période de sept (7) jours située dans cette période de trois semaines ;

6.3 cinq (5) semaines avant le premier jour de ladite période de sept jours, les parties détermineront à l'intérieur de cette période de sept jours la date exacte à laquelle le transport devra être effectué ;

6.4 quinze (15) jours avant ladite date, les parties conviendront de l'heure du départ de l'appareil.

Chaque partie tiendra l'autre partie informée de tout événement susceptible d'avoir une répercussion sur le calendrier du transport, que cet événement soit relatif ou non à l'exécution de ses obligations contractuelles antérieures à l'opération de transport. Dans toute la mesure du possible, elles se concerteront en avance de toute demande de modification des dates des transports.

Article 7 - Limitation de responsabilité et assurance

La responsabilité du Transporteur est limitée dans les conditions prévues à la convention de Varsovie.

Le Transporteur garantit le matériel pour une valeur de __________ (convertibles en euros au jour de la transaction ou du prononcé de la décision de justice) par kilogramme de matériel perdu, endommagé, ou dont l'acheminement a été retardé, conformément à la convention de Varsovie.

Un certificat d'assurance *ad valorem* sera souscrit par le transport.

Si l'Expéditeur couvre lui-même les risques, il devra renoncer tant en son nom propre qu'au nom de ses assureurs à tout recours contre le Transporteur et ses assureurs, sauf en cas de faute lourde ou intentionnelle du Transporteur.

Article 8 - Inexécution et résiliation

8.1 Inexécution du fait de l'Expéditeur

Inexécution et résiliation relatives à un Transport déterminé

a) Si l'Expéditeur ne respecte pas l'une quelconque de ses obligations relatives à un Transport déterminé au titre du présent contrat, le Transporteur sera déchargé de ses obligations au titre du transport à raison duquel l'Expéditeur a violé ses obligations contractuelles et en ce cas :

le Transporteur pourra proposer à l'Expéditeur une nouvelle date et de nouvelles modalités contractuelles, y compris financières, pour effectuer ledit transport. Ces nouvelles modalités financières devront permettre de dédommager intégralement le Transporteur des pertes, frais et coûts qu'il aura subis du fait du report du transport à une date ultérieure ;

ou

b) en cas d'impossibilité de proposer une nouvelle date en raison du plan de charge du Transporteur, ou en cas de refus par l'Expéditeur de la proposition visée au paragraphe ci-dessus, ou si la violation commise par l'Expéditeur est d'une gravité telle qu'elle empêche d'envisager le renouvellement du transport, le Transporteur pourra prononcer la résiliation des présentes, mais seulement en rapport avec le transport qui a donné lieu à la violation des obligations contractuelles.

En cas de résiliation, l'Expéditeur paiera au Transporteur des dommages-intérêts destinés à couvrir les frais administratifs, logistiques et de personnel exposés par le Transporteur, l'immobilisation de l'appareil pour la période correspondant au transport annulé, les coûts d'infrastructure et le manque à gagner et ce sur justificatifs payés par le Transporteur.

Les dommages-intérêts sont destinés à compenser les pertes, coûts et manques à gagner directs du Transporteur, à l'exclusion des frais et débours de tiers que le Transporteur aura exposés avant la date prévue pour le transport ou qu'il aurait à exposer à la suite de son retard ou de son annulation. Ces frais et débours seront re-facturés par le Transporteur à l'Expéditeur et remboursés par l'Expéditeur au Transporteur sur justificatifs.

<u>Inexécution et résiliation relatives à plusieurs transports ou aux obligations générales de l'Expéditeur</u>

Si l'Expéditeur ne respecte pas l'une quelconque de ses obligations prévues aux présentes autres que celles visées à l'article 8.1.1, ou bien si la violation commise par l'Expéditeur est d'une gravité telle qu'elle empêche d'envisager la poursuite des relations contractuelles, le Transporteur pourra prononcer la résiliation des présentes en totalité et pour tous les transports prévus dans les présentes, si la violation des obligations contractuelles de l'Expéditeur se poursuit plus de quinze (15) jours après réception d'une mise en demeure envoyée par le Transporteur (par lettre recommandée avec demande d'avis de réception) d'avoir à remédier à sa défaillance.

En ce cas, le présent contrat sera résilié dès l'envol par le Transporteur à l'Expéditeur (par fax confirmé par lettre recommandée avec demande d'avis de réception) d'une notification de résiliation visant le présent article 8.1.2 et l'Expéditeur payera au Transporteur des dommages-intérêts destinés à couvrir ses frais administratifs, logistiques et de personnels, les coûts d'infrastructure, les immobilisations éventuelles d'un ou plusieurs appareils, et le manque à gagner, calculés de la manière suivante en rapport avec chaque transport prévu aux présentes :

- 15 % du prix du transport, si la résiliation survient entre la date de signature et le début de la période de quatre (4) mois visée à l'article 6.2 ;
- 35 % du prix du transport, si la résiliation survient entre ladite date et le début de la période de cinq (5) semaines visée à l'article 6.3 ;
- 50 % du prix du transport, si la résiliation survient entre ladite date et le début de la période de quinze (15) jours visée à l'article 6.4 ;
- 100 % du prix du transport, si la résiliation survient dans les quinze (15) jours précédant sa date déterminée conformément à l'article 6 ;

le montant total payable par l'Expéditeur au Transporteur en principal étant égal à la somme des montants ci-dessus payables au titre des différents transports prévus aux présentes.

Les frais et débours de tiers exposés par le Transporteur seront re-facturés par le Transporteur à l'Expéditeur et remboursés par ce dernier sur justificatifs.

Les dommages-intérêts payables par l'Expéditeur au Transporteur au titre des articles 8.1.1 et 8.1.2 porteront intérêts au taux de *[taux d'intérêt]* à compter de la demande de paiement du Transporteur et seront capitalisés à chaque date anniversaire jusqu'à complet paiement.

8.2 Inexécution ou retard du fait du Transporteur

Si, hors la survenance d'événements de force majeure, le Transporteur est dans l'incapacité d'effectuer un transport à la date prévue et dans les trois (3) jours suivant cette date, le Transporteur paiera à l'Expéditeur une indemnité de retard d'un montant de ________________ *[somme en lettres]* euros par jour de retard calculée à compter du quatrième jour dans la limite d'un montant maximum de ____________________ *[somme en lettres]* euros.

Si, hors la survenance d'événements de force majeure, un transport est annulé par la faute du Transporteur ou s'il est retardé au-delà de la période de 9 (neuf) jours visée à l'article 8.2.1, le Transporteur paiera à l'Expéditeur l'indemnité prévue à l'Article 22 de la convention de Varsovie visée à l'article 7 ci-dessus.

Article 9 - Force majeure

a) La survenance d'un événement de force majeure entraînera la suspension des obligations de la partie affectée par la force majeure sous condition qu'elle en prévienne l'autre partie dans les plus brefs délais après la survenance de cet événement.

Les parties s'efforceront de remédier à la situation ainsi créée dans les meilleurs délais et se concerteront pour convenir d'un report du transport affecté par l'événement de force majeure ou d'un rééchelonnement du calendrier de transport si cet événement est de nature à affecter plusieurs des transports prévus aux présentes.

b) Faute d'accord dans les quinze (15) jours suivant la notification de la survenance de l'événement de force majeure, chaque partie pourra, sans préavis ni indemnité de part ni d'autre, annuler le transport affecté par l'événement de force majeure ou mettre fin au contrat si cet événement est de nature à affecter plusieurs des transports prévus aux présentes.

D'accord exprès entre les parties, constitueront des événements de force majeure pour les besoins des présentes :

- le fait pour le Transporteur (et malgré toute sa diligence) de ne pas pouvoir effectuer le transport en raison de la non-réception d'autorisations de survol ou d'atterrissage sur les différents sites concernés par le transport, ou bien en raison de la non-délivrance par la Direction générale de l'aviation civile (DGAC) de l'autorisation du vol ;
- les grèves ou autres conflits sociaux.

Article 10 - Conditions de paiement

Le prix sera payable de la manière suivante :

- 20 % du prix total du contrat à la date de signature des présentes, dont le Transporteur donne par les présentes quittance à l'Expéditeur ;
- 30 % du prix de chaque transport au jour de la fixation de la date définitive dudit transport de la manière prévue à l'article 6.3 ;
- 50 % du prix de chaque transport le jour ouvrable précédant le jour du Transport ;

Lesdites sommes seront payables par virement SWIFT, chèque de banque ou tout autre mode de paiement assurant le transfert des fonds sur le compte du Transporteur le jour même de l'ordre ou de la remise du moyen de paiement.

Article 11 - Propriété industrielle et intellectuelle

Chacune des parties restera propriétaire du savoir-faire, des connaissances, des travaux et résultats, brevetables ou non ou autrement protégeables ou non, acquis antérieurement aux présentes et qui pourraient être communiqués à l'autre partie pour les besoins de l'exécution des présentes.

Si, pour les besoins de l'exécution des présentes, une partie développe des procédés ou techniques susceptibles de protection industrielle et/ ou intellectuelle, cette partie sera seule titulaire des droits accordés par la loi sur ces procédés et techniques et seule habilitée à en obtenir la protection, étant expressément convenu que tout procédé et brevet issu de l'application du dossier technique figurant sera la propriété du Transporteur quelle que soit la contribution de l'Expéditeur à son développement.

Article 12 - Confidentialité

a) Le présent contrat et ses annexes et avenants sont confidentiels entre les parties et leurs représentants et ne pourront être divulgués, même partiellement, à des tiers par une partie sans l'accord préalable écrit de l'autre partie. Un tel accord ne sera pas refusé en cas de besoin de communication à une administration et pour des besoins de preuve en justice.

b) Les informations et documents échangés entre les parties pour les besoins de la préparation, de la mise en œuvre ou de l'exécution des présentes et des transports objet des présentes, sont également confidentiels.

c) Aucune partie ne pourra faire d'une quelconque manière référence aux présentes ou aux transports objet des présentes à des fins de publicité, directe ou indirecte, sans l'accord préalable écrit de l'autre partie qui devra lui être demandé par lettre recommandée avec demande d'avis de réception. Le terme *publicité* comprend notamment toute photographie en rapport avec les transports, le chargement et déchargement, et s'entend de tout support y compris l'Internet. Le silence de la partie consultée pendant cinq (5) jours suivant le jour de réception de la lettre recommandée précitée vaudra accord de ladite partie consultée.

Article 13 - Communications

Les communications entre les parties pour les besoins des présentes seront faites par télécopie (ou par lettre recommandée avec demande d'avis de réception dans certains des articles ci-dessus repris) aux personnes qui seront désignées comme seuls interlocuteurs habilités des parties.

Article 14 - Loi applicable

Le présent contrat et ses conséquences sont régis par la loi française.

Article 15 – Compétence

Toutes contestations qui découlent du présent contrat ou qui s'y rapportent seront tranchées définitivement suivant le règlement de Conciliation et d'arbitrage de la Chambre de Commerce Internationale sans aucun recours aux tribunaux ordinaires pour un ou plusieurs arbitres nommés conformément à ce règlement et dont la sentence a un caractère obligatoire. Le tribunal arbitral sera de sa propre compétence et de la validité de la convention d'arbitrage.

Fait à __________, le ______________________ , en 6 (six) exemplaires.

Le Transporteur	L'Expéditeur
____________________________	____________________________

Air Transport of Goods Agreement

Between

__________, a limited liability company under the laws of France, registered office (France), represented by Mr. __________________________ in his capacity as Managing Director, hereinafter called, "the Carrier",

And

_____________________, a limited liability company under the laws of ___________________, registered office, ___________________, represented by __________________ in his capacity as CEO, hereinafter called "the Sender",

It is agreed hereto as follows,

Article 1 - Air Transport Agreement

The present Agreement is an air transport Agreement subject to the provisions of the Convention of Warsaw of 12th October 1929, and its addendum and those provisions of the French Civil Aviation Code.

Article 2 - Changing Circumstances

The present contract is undertaken by each of the contracting parties with due consideration to the person, the expertise and the operational specifications of its contractual counterpart. Consequently:

- Neither Party cannot cede its rights and obligations to a third Party pursuant to the terms and conditions herein unless with prior consent of its counterpart This prior Agreement needs to be requested within a reasonable delay and of less than sixty (60) days prior to the next freight transport foreseen in the Air Transport Year Calendar.
- The Carrier can terminate the present contract without loss of any type to either Party, if the Sender is subject to a merger acquisition, divestment of assets, or equity assignment by court action, management franchise or any measure changing substantially the organization of its equity or its Board of Directors or the conduct of its activities; or, in more general terms, if the activities of the Sender change in any manner or juridical form whatsoever in relation to the contracted services herein and thereby create a conflict of interests to these contractual activities.

Article 3 - The Obligations of the Carrier

3.1 Preliminary Obligations

The Carrier has provided to the Sender a technical file containing the basic information concerning the loading and unloading of material and the characteristics required for the loading interface bearing in mind the Airplane's loading specifications. The Carrier shall also take into account the specifications of the material to be loaded; and those of the loading and unloading bays and other infrastructures so long as these have been communicated by the Sender prior to the signing of this contract.

3.2 Loading and Unloading

Ref: the Specifications Handbook Section 3. Responsibility of the Parties. The responsibility of the Carrier cannot be attributed for damages to the material prior to its hand-over upon loading, unloading or even during the operations of transportation nor for any delay, if the cause of the damage or the delay can be imputed to the Sender either due to the supply of incomplete or inexact information by the Sender regarding the specificity of the loading and unloading operations or infrastructures, or due to the inability of the Sender to define, conceive or carry out the interface or the means of loading and unloading that are incumbent on it to carry out pursuant to the terms of the present contract.

3.3 Air Transport

The Carrier shall ensure the packing and unpacking of the material and shall carry out the sole or several Air Transports foreseen herein on the agreed time delays and dates under article 8 and pursuant to the other conditions herein.
The Carrier shall be sole responsible regarding the mandatory legal and security requirements, as well as those of route, choice of technical stop-over) and more generally of the decision to take-off and the conduct of flight operations.

Article 4 - The obligations of the Sender

4.1 Preliminary Obligations

The Sender shall supply all the information required for the purposes of the implementation of the terms of this contract and to ensure the full security of the transport, and all the other operations envisaged by the said contract terms regarding the place and infrastructure of the loading.

4.2 Loading and unloading

Ref.: *The Specifications' Handbook Section 3. Responsibility of the Contracting Parties.*

4.3 The Sender shall inform the Carrier of any event likely to affect the implementation of these obligations namely if a delay or impact arises from them on the shipment(s) as the purpose of this contract.

4.4. The Sender shall supply all the technical assistance, the material and human means that the Carrier may require and, namely, it shall make sure that its officials or mandate-holders (whose names and company roles shall be stated) to be present at the loading and unloading bays (on the days and for the entire duration of the operation as stated).

4.5 The conformity of the material

The Sender shall make sure that the material is in appropriate state of transportation in every respect under the terms and conditions of the present contract; and it should have fulfilled all the custom and excise obligations, and clearances foreseen in Article 7.

4.6 The Carrier shall have the right to suspend or cancel any transportation under the terms and conditions of this contract, and in case of need, to terminate this contract in its entirety pursuant to the provisions of Article 8, if the Sender does not justify to have taken all the provisions necessary to implement its obligations under this present contract within one (1) day's prior notice to the take off of the airplane.

If after the take-off of the airplane and for any reason whatsoever including the occurrence of an unforeseen event, it is obvious that the said obligations of the Sender cannot be carried out, the Carrier can either reroute the aircraft to a destination of his choice (including the return of the aircraft to its airport of departure) or continue the flight until its final destination. In the latter case, or in the case that the fault of the Sender does not appear until after the landing of the aircraft, the Carrier can do the following at the expense and risk of the Sender:

- Either unload the material by any means available on the spot, to store it and ensure its safekeeping in the most appropriate manner given the local means and infrastructure available.

CONTRAT TYPE

CONTRAT TYPE

- Either bring back the material to a third destination and also to have it unloaded, stored and guarded.

The said unloading, storage and operations shall be carried out in the name and at the expense of the Sender, who authorizes henceforth the explicit mandate to the Carrier to do so, with the legal responsibility for the material being transferred to the Sender from the beginning of the unloading operations.

The Carrier shall notify immediately the Sender of the measures taken, the latter being the sole responsible Party of the ulterior relationships with the people in charge of the storage and security arrangements, the local authorities and all third Parties.

The charges, expenses and costs incurred by the Carrier regarding the non-reception of the material and the smooth running of the aircraft including all the aircraft fuel costs, shall be immediately reimbursed by the Sender as well as all the costs arising from any delay or disorganization in the activities of the Carrier. For the purposes of greater reliability, the contracting Parties agree that the Carrier shall not have the obligation to settle the rent, fees, running costs, awards or other outstanding sums whatsoever either to ensure the storage, security or the preservation of the material after unloading beyond the period of 48 (forty-eight) hours.

Article 5 - Authorizations, Custom and Excise

5.1 The Sender shall supply to the Carrier all the documents necessary for the confection of custom and excise documentation of export and/or import or other necessary supporting documents such as quarantine, sanitary, security or dangerous Air Transport authorizations within fifteen (15) clear working days prior to the date foreseen for each Material to be transported, and which may be required prior to the flight departure, upon arrival or during stop overs.

If the Carrier deems that one of the documents in proof foreseen in sub article 5.1 is missing or incomplete thereby compromising the implementation of the Air Transport operation, its unloading, custom and excise clearance, and its delivery or, in more general terms, the conformity of the material or the reliability of its officials and mandate-holders, the provisions under Article 8 shall apply.

Article 6 - Air Transport Calendar

The date of each Air Transport shall be agreed between the contracting Parties in the following manner:

6.1 Each air transport shall be carried out on a given date within a three (3) weeks period.

6.2 Four (4) months prior to the first day of the said three-week period, the contracting Parties shall agree on a 7-day period set within that period.

6.3 Five (5) weeks prior to the first day of the said period of seven days, the contracting Parties shall decide within that period of seven days, the exact date on which the Air Transport shall be implemented.

6.4 Fifteen (15) days prior to the said date, the contracting Parties shall agree on the hour of departure of the Aircraft.

Each contracting Party shall keep the other Party informed of any event likely to have a repercussion on the air transport calendar, and directly or otherwise related to the implementation of the contractual obligations prior to the Air Transport Operation. These provisions shall be set down in pre-emption of any request for modification of the dates of Transport.

Article 7 - Limited Liability and Insurance

The responsibility of the Carrier is limited under the provisions foreseen in the Warsaw Convention.

The Carrier insures the material for 250 gold francs, or 16.5837 Special Drawing Rights (convertible into euros on the day of the transaction or the date of the court ruling) for every kilogram of material lost, damaged or whose passage is delayed pursuant to the Warsaw Convention.

An *ad valorem* insurance certificate shall be underwritten for the transport.

If the Sender covers the risks itself, it must renounce from any legal action to be taken against the Carrier and its insurers, by either itself and its own insurers except in the case serious or intentional fault by the Carrier.

Article 8 - Contractual Non-implementation and Termination

8.1 Non-fulfilment by the Sender

8.1.1 Non-fulfilment and termination attributable to an Agreed Air Transport:

If the Carrier does not respect any of the obligations relating to an Agreed Air Transport under the present contract, the Carrier shall be exempt of its obligations regarding this Air Transport in question due to the violation of contractual obligations by the Sender. In this case:

a) The Carrier may propose to the Sender a new date for the implementation and new contractual provisions including the financial ones in order to implement the said transport. These new financial provisions should enable to reimburse the Carrier for its losses, charges and costs that he has suffered on the postponement of the Air Transport to a later date.

Or

b) In the event of inability to suggest a new date due to loading plan of the Carrier, or in the event of refusal of the proposal hereunder by the Sender, or if the violation committed by the Sender is of such magnitude that it prevents to renewal of the Air Transport assignment, the Carrier can decide to terminate the terms of this contract but only in relation to the Air Transport shipment which has led to the violation of the binding clauses.

In the event of termination, the Sender shall pay the Carrier damages and interests to cover administration, logistics and staff costs assumed by the Carrier, the idle time of the aircraft and the equivalent of the time period corresponding to the duration of the cancellation of the transport, the infrastructure costs and the lost opportunity based on documents of proof presented thereof and sustained by the Carrier.

The damages and interests are designed to compensate for direct losses incurred, costs and lost opportunities of the Carrier notwithstanding the costs and disbursements to third Parties which the Carrier would have incurred prior to the date foreseen for the Air Transport or that he might have to cover after his delay and his cancellation. These costs and disbursements shall be re-billed by the Carrier to the Sender and shall be reimbursed by the Sender to the Carrier on documents of proof presented.

<u>8.1.2 Non-fulfilment and termination related to several Air Transport or to the general obligations of the Sender</u>

If the Sender does not respect any of its obligations under the present terms and conditions besides those in article 8.1.1. or if the violation committed by the Sender is of such magnitude that it prevents continuing a contractual relationship, the Carrier may call for the entire termination of the present contract and for all Air Transport foreseen under it, if the violation of the contractual obligations of the Sender continues for more than fifteen (15) days after receiving formal notice sent to the Carrier (by registered letter and recorded delivery) to rectify his deficient implementation.

In this case, the present contract shall be terminated immediately from the emission of a fax by the Carrier to the Sender notifying the termination of the contract under article 8.1.2. and the Sender shall pay the Carrier interest payments earmarked to cover administrative, logistics and staffing costs, the infrastructure support costs, the eventual hangar time of one or several of its airplanes, the lost opportunities calculated in the following manner in relation to each Air Transport foreseen under the terms of this contract:

a) 15 % of the Air Transport Time, if the termination of contract happens between the date of implementation of the contract and the beginning of the four (4) month period pursuant to article 6.2.

b) 35 % of the Air Transport Time, if the termination of the contract happens between the said date and the beginning of the five (5) week period pursuant to article **6.3.**

c) 50 % of the Air Transport Time, if the termination of the contract happens between the said date and the beginning of the fifteen (15) days pursuant to article **6.4.**

d) 100 % of the Air Transport Time, if the termination of the contract happens within the fifteen (15) days preceding its agreed date pursuant to article **6**.

Given that the total payment payable by the Sender to the Carrier is equal to the sum of the amounts due here above and payable for the different Air Transports pursuant to the terms of the contract herein.

The fees and disbursements incurred by third Parties on account of the Carrier shall be re-billed by the Carrier to the Sender and reimbursed by the latter on presentation of document of proof.

The damages payable by the Sender to the Carrier pursuant to articles 8.1.1 et 8.1.2 shall be with interest set at *[interest rate]* counting from the request by the Carrier for payment and shall carry quarterly compound interest until its total payment.

8.2 Non-fulfilment or delay attributable to the Carrier:

8.2.1 If, except for the occurrence of *force majeure*, the Carrier is unable to carry out the Air Transport on the agreed date and within the following three (3) days after this date, the Carrier shall pay the Sender an indemnity payment of ________ *[in letters]* for delay for each day counting from the fourth day with a maximum indemnity payment of ________.

8.2. 2 If, except for the occurrence of *force majeure*, the Air Transport is cancelled due to the fault of the Carrier or if it is delayed for more than 9 (nine) days pursuant to Article 8.2.1, the Carrier shall pay the Sender an indemnity payment pursuant to Article 22 of the Warsaw Convention applicable, in turn, to Article 7 here above.

Article 9 - Force Majeure

The occurrence of a force majeure event shall carry the suspension of contractual obligations of the Party affected by the force majeure on the condition that this Party forewarns the other Party as quickly as possible after the occurrence of the event.

The contracting Parties shall endeavor best efforts to rectify the engendered situation as quickly as possible, and shall agree to act together to draft a report on the Air Transport affected by the event as force majeure or to reschedule the Air Transport Calendar if this event is likely to affect several Air Transport foreseen in the present contract.

Unless an Agreement is drafted within fifteen (15) days upon the notification of the event as force majeure, each Party may cancel the Air Transport affected by the event as force majeure or terminate without prior notice by either Party or indemnity arising thereof, or terminate the contract if this event of force majeure is likely to affect several Air Transport foreseen by this contract.

With the explicit Agreement of both Parties, the following events constitute force majeure for the purposes of this contract:

- The fact that the Carrier (and despite all its diligence) cannot carry out the Air Transport due to the non-reception of flight path or landing authorizations at the indicated different sites, or else due to the non-

delivery by the *Direction Générale de l'Aviation Civile (DGAC)* (French Civil Aviation Authority).
- Union strikes or other form of strike action.

Article 10 - Conditions of Payment

The price shall be payable in the following manner:
- 20 % of the total price of the contract on the date of implementation of the present contract and for which the Carrier gives the Sender its due receipt.
- 30 % of the price of each transport on the day that the definitive date of the said transport is agreed on pursuant to Article 6.3;
- 50 % of the price of each transport on the working day preceding the transport.

All sums are payable by SWIFT bank transfer, Banker's cheque or any other means of payment that ensures the transfer of funds to the account of the Carrier on the very day of the banking order or the remittance of the means of payment.

Article 11 - Industrial and Intellectual Property

Each Party shall remain the proprietor of its know-how, implementing knowledge, of studies undertaken and their results, which can be breveted at will or that can be otherwise protected also at will; and acquired prior to the present contract and which could be communicated to the other Party for the purposes of the implementation of the present contract.

If, for the purposes of the implementation of the present contract, a Party develops the procedures and techniques likely to come under Industrial and/or Intellectual Property law, this Party shall be sole beneficiary of the rights granted by law on these processes and techniques; as well as the sole Party entitled to request its patent with the explicit Agreement that all the processes and brevets arising from the application of the technique in question shall be the property of the Carrier whatever the form of contribution made by the Sender to its development.

Article 12 - Confidentiality

The present contract and its annexes and additional clauses are confidential endorsement between the Parties and their representatives, and cannot be divulged, not even partially, to third Parties by a Party without

CONTRAT TYPE

prior written Agreement of the other Party; and which shall not be denied in the case of need to communicate it to an administration and for the purposes of proof in court actions.

The information and documents exchanged between the Parties for the purposes of preparation; the drafting or the implementation of the present contracting terms and the Air Transport as the purpose of this contract are equally confidential.

No Party can make any reference whatsoever to the terms of this contract or to Air Transports and the purpose of this contract for the purposes of direct or indirect publicity without the prior written Agreement of the other Party, which needs to be requested by registered letter with recorded delivery. The term "publicity" consists mainly of any photograph with connection to loading or unloading Air Transport and includes any such Internet technology. The silence of the consulted Party for five (5) days following reception of the aforementioned recorded delivery amounts to the consent of the aforementioned consulted Party.

Article 13 - Communication

Communication between the Parties for the purposes of the present contract shall be by fax machine (or recorded letter with registered delivery with reference to several Articles mentioned here above) to those people who are nominated by the Parties and designated as their sole accredited representatives.

Article 14 - Applicable Law

This contract and its consequences shall be subject to French Law.

Article 15 - Competence

Any dispute arising out or in connection with this Agreement shall be settled without recourse to the courts, in accordance with the Rules of Conciliation and Arbitration of the International Chamber of Commerce, by one or more arbitrators designed in conformity with those Rules, the awards being final and binding. The arbitrator or arbitrators shall have power to rule on their own competence and on the validity of the Agreement to submit to arbitration.

Agreement made in__________, this_________ day of __________, in 6 (six) original copies.

The Carrier ______________________________

The Sender ______________________________

Chapitre 3

Les contrats de distribution commerciale

1 GÉNÉRALITÉS

Pour vendre, les entreprises ont recours à des intermédiaires appelés généralement distributeurs, qui participent à l'action de distribution de leurs produits et services. Chaque distributeur peut assumer sa mission avec des droits et des obligations particuliers au regard du producteur qui fait appel à leurs services. Chacun d'eux est soumis à un régime propre qui pourra être, par exemple, soit :

- Voyageur Représentant Placier (VRP) ;
- Commissionnaire ;
- Concessionnaire ;
- Agent commercial ou « statutaire » ;
- Distributeur agréé d'un réseau de distribution sélective/exclusive ;
- Franchisé.

Nous avons retenu de nous attarder sur les contrats de **distribution exclusive,** de **franchise** et de **concession exclusive.**

1.1 Le contrat de distribution exclusive

C'est le contrat par lequel le producteur reconnaît au distributeur le seul à disposer du droit de vendre les produits contractuels dans le territoire contractuel. Le fournisseur qui, par le même contrat, conclu dans leur intérêt commun, met à la disposition du distributeur, dont il exige l'engagement d'exclusivité, son nom commercial, sa marque ou son enseigne doit, avant la conclusion du contrat, communiquer à ce dernier des informations sincères lui permettant de s'engager en connaissance de cause.

Pour être licite, la stipulation d'exclusivité doit satisfaire à deux conditions :

- Elle doit être déterminée ou déterminable quant à son territoire et limitée dans le temps ;
- Le distributeur doit s'engager à s'approvisionner exclusivement auprès d'un fournisseur donné. L'exclusivité d'achat doit être stipulée sans équivoque. Il est aussi recommandé de déterminer la quantité de produits à acheter.

S'agissant de la durée, cette exclusivité doit être limitée à dix ans lorsque l'acheteur s'engage, cessionnaire ou locataire de biens meubles vis-à-vis de son vendeur, cédant ou bailleur à ne pas faire usage d'objets semblables ou complémentaires en provenance d'un autre fournisseur.

Le distributeur ne viole pas la clause d'exclusivité du contrat d'approvisionnement dès lors qu'il s'est trouvé dans l'impossibilité de s'approvisionner en raison du refus de livraison que lui avait opposé le mandataire du fournisseur.

1.2 Le contrat de franchise

C'est le contrat par lequel un commerçant, appelé le franchiseur, met à la disposition d'un particulier, le franchisé, moyennant paiement d'une redevance, son nom commercial ou sa marque, ainsi que son savoir-faire, et l'oblige à utiliser les signes distinctifs et à respecter une présentation uniforme de ses produits pour en effectuer la vente aux consommateurs finals. Ce contrat de franchise a été adapté à la situation dans laquelle le commerçant cherche à contracter avec un particulier qui va devenir commerçant. Il respecte la législation suivante :

- Le code civil (articles 1101 à 1369) ;
- Le règlement communautaire n° 2790/1999 de la commission du 22 décembre 1999 concernant l'application de l'article 81, paragraphe 3, du traité relatif à des catégories d'accords verticaux et de pratiques concertées ;
- La loi n° 89-1008 du 31 décembre 1989, relative au développement des entreprises commerciales et artisanales et à l'amélioration de leur environnement économique, juridique et social ;
- Le décret n° 91-337 du 4 avril 1991 portant application de la loi n° 89-1008 du 31 décembre 1989 ;
- L'arrêté du 21 février 1991 relatif à l'information du consommateur dans le secteur de la franchise ;
- La note de service de la direction générale de la concurrence, de la consommation et de la répression des fraudes n° 5724 du 21 mai 1991, précisant les modalités d'application de l'arrêté du 21 février 1991 ;
- La loi du 14 octobre 1943 relative à la clause d'exclusivité.

1.3 Le contrat de concession exclusive

Il s'agit du contrat par lequel le concédant, titulaire d'une marque, ou d'une enseigne, s'engage vis-à-vis du concessionnaire, à lui vendre de manière exclusive ses biens, sur un territoire donné, en contrepartie de quoi le concessionnaire s'oblige à distribuer de manière exclusive ses biens, en respectant la politique commerciale définie par son partenaire. Les principales caractéristiques de ce contrat sont les suivantes :

- **Engagement du mandant**. L'agent commercial engage le mandant par ses actes et oblige donc celui-ci , à honorer les commandes qu'il prend en son nom et pour son compte. Si le mandant entend se réserver la faculté d'accepter ou de refuser les commandes, il doit le stipuler expressément dans le contrat ;
- **Diligences**. Les parties sont liées par un contrat d'intérêt commun ; elles sont tenues d'un devoir de loyauté l'une envers l'autre. Elles se doivent aussi une information réciproque ;
- **Obligation de non-concurrence.** L'agent peut s'engager à ne pas exercer des représentations concurrentes de celles du mandant, si :
  - La clause est écrite,
  - Elle est limitée dans le temps,
  - Si elle ne s'applique qu'au secteur géographique, à la clientèle et au type de marchandises ayant fait l'objet du contrat ;
- **Rémunération de l'agent.** A défaut de stipulations du contrat sur la rémunération, l'agent commercial a droit à une rémunération conforme aux usages pratiques, dans le secteur d'activité couvert par son mandat. En l'absence d'usage, il a droit à une rémunération raisonnable qui doit tenir compte des éléments qui ont trait à l'opération.

2 Contrats types

2.1 Le contrat de concession exclusive

Entre les soussignés :

La société ________________, *[forme juridique]* au capital de ________________ euros, dont le siège social est ____________ _______, enregistrée au Registre du Commerce et des Sociétés de ___________sous le numéro ______________, représentée par M. __________________________ *[nom et qualité]*,

ci-après désignée « le Fabricant »,

d'une part,

et

La société ________________, Société *[forme juridique]* au capital de ________________ euros, dont le siège social est ____________ ________, enregistrée au Registre du Commerce et des Sociétés de _______________ sous le numéro ____________, représentée par M. ________________________ *[nom et qualité]*,

ci-après dénommée « l'Agent commercial »,

d'autre part,

Il a été convenu ce qui suit :

Article premier - Le mandat

Le Fabricant confie à l'Agent commercial, qui l'accepte, mandat de vendre les produits suivants : _________________________

Article 2 - Obligations de l'Agent commercial

Il transmet au mandant les propositions ou commandes qu'il aura recueillies. Il ne détient ni le pouvoir de conclure des contrats au nom du Fabricant ni tout autre pouvoir susceptible d'engager celui-ci. Il portera

CONTRAT TYPE

CONTRAT TYPE

à la connaissance du client des propositions de ventes, de délai et de paiement, ce qui aura été précisé par le mandant. Ce dernier reste libre de ne pas accepter les propositions ou commandes transmises par l'Agent commercial.

Article 3 - Obligation de réaliser un chiffre d'affaires minimum

L'Agent commercial s'engage à transmettre un minimum d'ordres de ______________ pour une période de __________ *[mois / années].*

Si l'Agent n'exécute pas cette obligation, le mandant aura le droit de résilier le contrat par lettre recommandée à la fin *[de l'année civile/ du semestre/ du trimestre ou du mois]* moyennant un préavis de _______ *[mois /semaines].*

Article 4 - Information du mandant

L'Agent tiendra avec la diligence nécessaire le Fabricant au courant des conditions du marché et de la situation de concurrence.

En outre, il lui adressera tous les _______mois un rapport sur son activité.

Article 5 - Obligation de non-concurrence

L'agent s'abstiendra de faire concurrence au Fabricant ou de favoriser celle d'autres entreprises. Il s'interdit notamment de fabriquer des produits identiques ou similaires aux produits faisant l'objet du présent contrat et de prendre des intérêts dans une entreprise concurrente du Fabricant.

L'Agent sera tenu d'informer le Fabricant, lors de la conclusion du contrat, des accords le liant à titre de représentant, d'agent ou de revendeur, à d'autres entreprises qu'il serait amené à conclure. L'exercice de ces autres activités ne doit en aucun cas porter préjudice à l'acquittement ponctuel de ses engagements envers le Fabricant.

Article 6 - Respect du territoire extra-contractuel

L'Agent s'interdit de prospecter et de négocier des contrats avec la clientèle située en dehors du territoire contractuel

L'Agent devra signaler au Fabricant toute demande provenant de personnes situées en dehors du territoire sans que ceci puisse ouvrir droit à commission.

Article 7 - Obligations du Fabricant

Dans le territoire confié à l'Agent, le Fabricant s'interdit de concéder à une autre personne ou à une autre entreprise la représentation ou la vente des produits contractuels.

Le Fabricant s'engage à signaler à l'Agent les commandes qui lui parviendraient directement d'acheteurs situés dans ledit territoire ; ces commandes ouvriront droit à la commission prévue à l'article 9.

Article 8 - Information de l'Agent. Documents et prospectus

Le Fabricant fournira à l'Agent toutes les informations et mettra à sa disposition tous les documents nécessaires à l'exercice de son activité, notamment : conditions de vente, liste de prix, documents techniques, documents publicitaires. Il devra communiquer immédiatement tout changement dans ses prix, ses conditions de vente ou de paiement.

Article 9 - Commission de l'Agent

Sur toutes les ventes de produits contractuels, conclues pendant la durée du contrat avec des acheteurs situés dans le territoire et non-exclues du droit à commission par une disposition expresse du contrat, la commission de l'Agent sera de _______% du CA hors taxes.

Article 10 - Échéance et paiement

Le Fabricant est tenu de déterminer les commissions de l'Agent pour chaque trimestre de l'année civile en indiquant toutes les affaires pour lesquelles il y aura lieu de payer une commission. Le paiement sera fait au plus tard à la fin du mois qui suit le trimestre.

Article 11 - Mode de paiement

Tous les frais engagés par l'Agent pour remplir les diverses obligations découlant du présent contrat sont considérés comme couverts par les commissions prévues à l'article 9.

Article 12 - Taxes et impôts

[Biffer la mention inutile]

A. Les taxes sur le chiffre d'affaires exigibles dans le pays de l'Agent sur sa commission seront à la charge de celui-ci.

B. Les taxes sur le chiffre d'affaires exigibles dans le pays de l'Agent sur sa commission seront à la charge du Fabricant.

CONTRAT TYPE

CONTRAT TYPE

Article 13 - Durée du contrat

Le contrat entrera en vigueur le ______ et prendra fin le_______. Il pourra être résilié au plus tôt le _________ moyennant un préavis de ______ mois. A partir de cette date, il pourra être résilié à la fin de chaque année civile moyennant un préavis de _______ mois.

Article 14 - Résiliation prématurée

En dehors des cas visés par l'article 13, l'une ou l'autre des parties ne peut résilier le contrat que pour des raisons qui, d'après la loi régissant ce contrat, constituent un juste motif de rupture.

Article 15 - Restitutions de documents et stocks

A l'expiration du contrat, l'Agent sera tenu de restituer les produits et pièces de rechange qui seraient entreposés dans ses locaux. A l'expiration du contrat, l'Agent sera tenu de restituer au Fabricant tous documents de publicité et autres documents visés à l'article 8, mis à sa disposition et qui se trouvent en sa possession.

Article 16 – Indemnités

Sauf dans le cas où le contrat est résilié à la suite d'une faute d'une des parties, la résiliation ou le non-renouvellement de celui-ci pourra donner lieu à aucune indemnité.

Article 17 - Loi applicable. Texte original

Le contrat est régi par la loi du pays où le Fabricant a son siège social. Le texte ______ *[indication de la langue]* du présent contrat fait foi comme texte original.

Article 18 - Compétence

Toutes contestations qui découlent du présent contrat ou qui s'y rapportent seront tranchées définitivement suivant le règlement de Conciliation et d'Arbitrage de la Chambre de Commerce Internationale sans aucun recours aux tribunaux ordinaires par un ou plusieurs arbitres nommés conformément à ce règlement et dont la sentence a un caractère obligatoire. Le tribunal arbitral sera juge de sa propre compétence et de la validité de la convention d'arbitrage.

Fait le ______________ à ________________ en 6 (six) exemplaires.

Le Fabricant	L'Agent commercial
____________________________	______________________

Exclusive Agency Agreement

CONTRAT TYPE

Between
______, a limited liability company under the laws of _____, registered office in ______________________, represented by Mr.________ in his capacity as Managing Director, hereinafter called "the Manufacturer",

And

_______, a limited liability company under the laws of ________, registered office, in ________________, represented by Mr. ________ in his capacity as CEO, hereinafter called "the Agent"

it is agreed hereto as follows:

Article 1 – Object

The Manufacturer grants to the Agent, who accepts it, the agency for the following products : ________ in the territory defined below (hereinafter called "the territory").

Article 2 - Agent's Obligations

The agent shall solicit customers situated in the territory.
He shall transmit to the manufacturer any offers or orders received by him. He has no authority to make contracts on behalf of, or in any way to bind the manufacturer. He shall bring to the notice of the customer the terms and conditions of sale (including delivery periods and payment) prescribed by the Manufacturer. The Manufacturer shall be free to reject any offer or orders transmitted to him by the Agent.
He shall negotiate and conclude contracts of sale in the name, and on behalf of the Manufacturer. The Agent shall observe the terms and conditions of sale (including delivery periods, price and payment prescribed by the Manufacturer).

Article 3 - Obligation to Promote a Minimum Turnover

The Agent shall transmit not less than ___________ orders during any period of ____________ *[months/years].*
If the Agent fails so to do so, the Manufacturer shall be entitled, notwithstanding anything in article 4 to terminate the contract by regis-

tered letter at the end of the current calendar *[year/half year/ quarter/ month]*, subject to giving prior notice of _______ *[months, weeks]*.

Article 4 - Manufacturer To Be Kept Informed

The Agent shall with due diligence keep the Manufacturer informed on market conditions and the state of competition.

He shall further send every _________ months a report on his activities.

Article 5 - Undertaking not To Compete

The Agent shall not compete with the Manufacturer or assist others to compete with him, in particular the Agent shall not manufacture products identical with, or similar to, the products, nor shall he acquire an interest in any undertaking which competes with the manufacturer.

On the coming into force of this contract the Agent shall inform the Manufacturer of any existing Agreements which bind the Agent towards any other products, whether as representative, agent or retailer, and shall thereafter keep the Manufacturer informed of any further such Agreements entered into by the agent. The exercise of such activity by the Agent shall in no case prejudice the punctual fulfilment by him of his obligations towards the Manufacturer.

Article 6 - Prohibition in Respect of Other Territories

The Agent shall not solicit or negotiate contracts with customers outside the territory.

The Agent shall notify the Manufacturer of any inquiry made by persons situated outside the territory. Such notification shall not entitle the Agent to any commission.

Article 7 - Agent to Be Kept Informed

The Manufacturer shall provide the agent with all information and documents necessary for the exercise of the Agent's activities, including conditions of sale, price lists, technical documents, advertising material.

The Manufacturer shall notify the Agent immediately of any change in its prices, its conditions of sale or its terms of payment.

Article 8 - Obligations of the Manufacturer

The Manufacturer shall not grant to any other person or undertaking the right to represent or sell the Products in the territory.

The Manufacturer shall notify the Agent of any orders which reach him from customers situated in the territory. The Agent shall be entitled to the commission provided for in article 9.

Article 9 - Amount of Commission

The Agent's commission shall be ________ per cent on all sales of the Products which are made during the currency of the contract to customers situated in the territory and on which a right to commission has not been expressly excluded.

Article 10 - Time of Payment of Commission

The Manufacturer shall state the commission due to the Agent in respect of each quarter and shall set out all the business in respect of which such commission is payable. Payment of commission shall be made not later than the end of the month following each such quarter .

Article 11 - Currency in which Commission is Paid

Commission is calculated and transferred in the currency of the transaction on which the commission is payable.

Article 12 - Taxes

[Cross out the option not applicable]

A. Turnover taxes payable by the Agent's country on its commission shall be for its account.

B. Turnover taxes payable in the Agent's country on its commission shall be for the account of the manufacturer.

Article 13 - Contract Period

[Cross out the option not applicable]

A. The contract shall enter into force on __________ and expire on __________.

Or

B. The contract shall enter into force ____ and may be terminated, subject to prior notice of _______, on_________ but not earlier. If not terminated on that date the contract may thereafter be terminated on 31st December of any year subject to prior notice of _______ months.

CONTRAT TYPE

Article 14 - Earlier Termination

Save as provided in article 13, neither Party shall be entitled to terminate the contract except for reasons under which the proper law of the contract constitute good and sufficient grounds for termination.

Article 15 - Return of Documents and Stocks

On the expiry of the contract the Agent shall return to the Manufacturer all advertising material and other documents mentioned hereunder which have been supplied to him and which are still in his possession.

On the expiry of the contract the Agent shall return products and spare parts stored in its premises mentioned hereunder.

Article 16 – Compensation

Except when the contract is terminated by reason of a breach by either Party, no compensation shall be payable in consequence of a termination or failure to renew the contract.

Article 17 - Applicable Law and Authentic Text

The contract is governed by the law in force in the country where the Manufacturer has its head office. The ________ text of this contract is authentic.

Article 18 : Competence

Any dispute arising out or in connection with this Agreement shall be settled without recourse to the courts, in accordance with the Rules of Conciliation and Arbitration of the International Chamber of Commerce, by one or more arbitrators designed in conformity with those Rules, the awards being final and binding. The arbitrator or arbitrators shall have power to rule on their own competence and on the validity of the Agreement to submit to arbitration.

Agreement made in Paris, this ____________ day of ______________, in 6 (six) original copies.

The Manufacturer	The Agent
____________________________	____________________________

2.2 Le contrat de distribution exclusive

Entre les soussignés :

La société _______________, *[forme juridique]* au capital de _______________ euros, dont le siège social est _________________, enregistrée au Registre du Commerce et des Sociétés de __________sous le numéro ____________, représentée par M. _______________________ *[nom et qualité]*,

ci-après désignée « le Fabricant »,

d'une part,

et

La société _______________, Société *[forme juridique]* au capital de _______________ euros, dont le siège social est __________________, enregistrée au Registre du Commerce et des Sociétés de _____________ sous le numéro ___________, représentée par M. _______________________ *[nom et qualité]*,

ci-après dénommée « le Distributeur »,

d'autre part,

Après avoir exposé ce qui suit :

Attendu que la Société _________ fabrique et commercialise sous sa marque désignée le ____________ *[nom du produit]*, la société _________ souhaite que ses produits soient distribués et vendus en ______________ *[pays, territoire]* par un distributeur agréé,

Il a été convenu ce qui suit :

Article premier - Objet du contrat

Le Fabricant concède par les présentes au Distributeur qui l'accepte le droit de vendre les produits définis en annexe en qualité de distributeur agréé.

Cette liste figurant en annexe pourra faire l'objet de modifications qui devront faire l'objet d'une notification écrite.

Article 2 - Obligations du Distributeur

Le Distributeur s'engage à mettre tout en œuvre pour assurer la promotion et le développement des ventes des produits dans la limite du Territoire.

Il s'engage :

a) à coopérer avec le Fabricant en lui fournissant les informations commerciales relatives au marché des produits sur le territoire et les informations concernant l'activité des concurrents, y compris les prix de leurs produits à tous niveaux de vente ;

b) à promouvoir la vente des produits notamment en donnant aux clients existants toutes informations relatives aux produits ;

c) à conserver les stocks adéquats de produits prêts à la vente, en commandant au Fabricant un nombre de produits suffisants pour couvrir toute commande ;

d) à transmettre par écrit au Fabricant au plus tard quinze jours avant le début de chaque trimestre ses estimations d'achats pour le trimestre, ventilés par produits ;

e) à rendre au Fabricant à la fin ou à l'expiration de ce contrat tous les documents techniques relatifs aux produits, ainsi que tous les échantillons qu'il possède des produits et qui ont pu lui être confiés ;

f) à ne pas s'occuper de, et ne pas vendre des produits manufacturés par d'autres fabricants et qui sont concurrents des produits et/ou semblables à ceux-ci ;

g) à distribuer lesdits produits que sous la marque de__________.

Article 3 - Obligations du Fabricant

a) Il garantit que les produits seront des produits commercialisables de bonne qualité ;

b) Il s'engage à fournir au Distributeur toutes les informations techniques et juridiques que ce dernier jugera nécessaire à la commercialisation des produits, ainsi que tous documents y ayant trait;

c) Il s'engage à fournir, à la demande du Distributeur, et aux frais de ce dernier, des techniciens choisis par le Distributeur ayant reçu la formation la plus complète possible chez le Fabricant.

d) Si, pour une raison quelconque, le présent contrat devait prendre fin, le Fabricant serait tenu d'acheter au distributeur ses stocks de produits, au prix ou ce dernier les a achetés, à condition qu'ils ne soient nullement engagés.

Article 4 - Utilisation de la marque

Le Fabricant accorde au distributeur le droit de vendre ses produits sous sa marque. L'utilisation de la marque, pendant la durée du contrat, par le Distributeur est strictement limitée à l'objet du présent contrat.

Article 5 – Confidentialité

Le distributeur s'engage à ne pas divulguer les informations techniques, commerciales ou financières dont il pourrait avoir connaissance au cours de l'exécution du présent contrat.

Article 6 – Commandes

A condition que le Distributeur ait satisfait à toutes les obligations définies par le présent contrat, le Fabricant exécutera toutes les commandes raisonnables passées par le Distributeur. Le Fabricant mettra tout en œuvre pour exécuter toutes les commandes acceptées dans les délais mentionnés par ces commandes.

Article 7 - Transfert de titre et de risques

Les produits seront vendus et livrés FOB de l'usine du Fabricant complètement emballés de façon à permettre leur transport sans risque de détérioration ou d'avarie.

En ce qui concerne le transfert de titre et de risques, il se fera lors du transport à partir de l'usine du Fabricant, dès que les produits auront quitté l'usine du Fabricant.

Le Distributeur supportera les coûts de transport et d'assurance et il s'engage notamment à contracter une assurance suffisante pour couvrir les risques de transport des produits.

Article 8 - Prix et conditions de paiement

A. Prix

Le prix de vente de chaque produit sorti d'usine par le Fabricant sera indiqué en annexe __________ ci-jointe.

Les prix peuvent être modifiés comme suit :

B. Conditions de paiement

Le paiement sera effectué en USD / euros dans les conditions suivantes :

Pour le stock initial de produits, le Distributeur devra régler par virement bancaire, dans un délai de 180 jours à compter de la date de facturation

CONTRAT TYPE

par le Fabricant et sans frais, étant entendu que le Distributeur bénéficiera d'une remise de 3% si le paiement est effectué dans les 120 jours à compter de la date de facturation. Le Distributeur devra acheter son stock initial de produits dans un délai de ________ jours à compter du jour où ce contrat entrera en effet, contrat par lequel le Fabricant autorise expressément le Distributeur à vendre les produits sur le territoire à la place de l'actuel Distributeur X à Paris 75017.

Pour tous les autres achats de produits, le Distributeur devra payer dans un délai de 90 jours, sans frais, à compter du jour de la facturation par le Fabricant, étant entendu que le Distributeur bénéficiera d'une remise de 3% s'il règle dans un délai de 60 jours à compter de la date de la facturation.

Article 9 - Volume minimum de ventes annuelles

Le Distributeur accepte d'acheter au Fabricant, durant chaque période de douze mois un minimum de marchandises, qui correspondra à un nombre minimum d'unités de produits :

1re année : 1 million d'unités de produits ;

2e année : 2 millions d'unités de produits ;

3e année : 3 millions d'unités de produits.

Si, durant la première période de douze mois, le distributeur achète un nombre de produits supérieur aux conditions requises par le contrat pour cette période, une moitié de ces achats supplémentaires sera imputée à la seconde période de douze mois, et l'autre moitié sera imputée à la troisième période de douze mois. Les achats supplémentaires réalisés dans les mêmes conditions pendant la seconde période de douze mois seront portés au crédit du minimum annuel d'achats requis par le contrat pour la troisième période de douze mois.

Article 10 - Durée du contrat

Ce contrat est passé pour une durée de trois ans. Il prendra effet, le ________ et arrivera à son terme le ______________.

Ce contrat sera ensuite reconduit par tacite reconduction sauf si l'une des parties y met un terme à la fin de la période de trois ans, ou à la fin de n'importe quelle année supplémentaire, en donnant à l'autre partie un préavis de six mois par lettre recommandée avec accusé de réception.

Les signataires acceptent de se rencontrer 8 (huit) mois avant la fin des reconductions annuelles, afin d'établir d'un commun accord les quantités minima de produits à acheter pour chacune des années pour lesquelles ce contrat sera reconduit si c'est le cas.

Article 11 - Expiration du contrat

Le Fabricant sera autorisé à mettre fin à ce contrat par lettre recommandée avec accusé de réception immédiatement et sans délai au cas où :

a) le Distributeur ne se soumettrait à l'une des obligations du contrat ;

b) Le Distributeur choisirait les produits des revendeurs sans le consentement du Fabricant.

c) Le Distributeur n'achèterait pas les quantités requises par l'article 9.

A l'expiration de ce contrat, le Distributeur devra immédiatement remettre au Fabricant tous les catalogues, liste de prix, tarifs, documents alors en sa possession.

Article 12 - Loi applicable. Texte original

Le contrat est régi par la loi du pays ou le Fabricant a son siège social. Le texte __________ *[indication de la langue]* du présent contrat fait foi comme texte original.

Article 13 - Compétence

Toutes contestations qui découlent du présent contrat ou qui s'y rapportent seront tranchées définitivement suivant le règlement de Conciliation et d'Arbitrage de la Chambre de Commerce Internationale sans aucun recours aux tribunaux ordinaires par un ou plusieurs arbitres nommés conformément à ce règlement et dont la sentence a un caractère obligatoire. Le tribunal arbitral sera juge de sa propre compétence et de la validité de la convention d'arbitrage.

Fait le ________ à __________ en six exemplaires.

Le Fabricant	Le Distributeur
______________________________	______________________________

Exclusive Distribution Agreement

Between

_________, a Corporation organized under the laws of *[country]*, registered office in *[place and country]*, represented by ____________________ ______ in his capacity as Managing Director, hereinafter called, "the Manufacturer",

And

______________________, a limited liability company under the laws of ____________________, registered office, ____________________, represented by ____________________ in his capacity as ___________, hereinafter called "the Distributor",

The Manufacturer grants to the distributor, who accepts it, exclusive distributorship for the following Products: ________ in the territory of _______ hereinafter called "the Territory",

Witnessed:

Whereas the Manufacturer produces and markets under its trademark_____ various Products, hereinafter referred to as "the Products",

Whereas the Manufacturer wishes to have its Products distributed and sold in ______ through and by an independent Distributor,

Article 1 - Purpose of the Contract

The Manufacturer grants to the Distributor, who accepts it the right to sell and market the Products defined hereunder in appendix _____ in its capacity as independent Distributor.

The above-mentioned list shall be modified only by written notice.

Article 2 - Obligation of the Distributor

The Distributor undertakes during the entire term of this Agreement to use its best effort to ensure the promotion and development of sales of the Products within the territory.

a) It undertakes to co-operate with the Manufacturer by giving it commercial information concerning the activity of competitive Manufacturers including the prices of their Products at all levels of sales;
b) It undertakes to promote the sales of the Products in particular by giving to the existing customers all appropriate information related to the Products.
c) To maintain an adequate stock of the Products ready for sale by placing orders with the Manufacturer for a number of Products sufficient to cover any order
d) Not later than 15 days prior to the beginning of each calendar quarter, to inform the Manufacturer in writing of its estimated purchases for such quarter, broken down by Products
e) To return to the Manufacturer at the end or the termination of this Agreement, all technical documents relating to the Products and all samples of the Products in its possession which may have been entrusted to it
f) Not to deal with or sell Products made by other Manufacturers and competitive with and/or similar to the Products;
g) To distribute the above mentioned Products under the mark ______

Article 3 - Obligations of the Manufacturer

a) The Manufacturer undertakes to supply the Distributor with all technical and scientific information that it deems necessary for the marketing of the Products, together with the relevant documentation
b) It undertakes to provide, at the request of the Distributor and at the latter's expense, technicians selected by the Distributor with the most complete training possible on the Manufacturer's premises, and to provide them with the technical documentation, if any, for the execution of the functions of the Distributor in the context of the present Agreement;
c) Should the present Agreement be terminated for any reason whatsoever, the Manufacturer shall repurchase the stock of the product of which the Distributor is the owner, provided that this stock is not deteriorated in any manner, at the purchase price paid for the Products by the Distributor.

Article 4 - Use of Trademark

The Manufacturer grants to the Distributor the exclusive right to sell and market the Products under its trademark.

The use of trademark _______, during the currency of the contract, by the Distributor is strictly limited within the framework of the contract.

Article 5 – Confidentiality

The Distributor undertakes to treat as confidential all the technical, financial and commercial documentation in connection with the assignments entrusted to him.

Article 6 - Orders

Provided that the Distributor has fulfilled all its obligation arising under the present Agreement, all reasonable orders placed with the Manufacturer by the Distributor will be executed by the Manufacturer shall use its best efforts to execute any order accepted within the time periods mentioned on such order.

Article 7 - Transfer of Title and Risks

The Products will be sold and delivered F.O.B. to the Manufacturer's factory, completely packed in a manner adequate to permit their shipment without risk or deterioration or damage.
The transfer of title and of risk with regard to the Products will occur on shipment from the Manufacturer's factory as soon as the Products have left the Manufacturer's factory.
The Distributor will assume shipment and insurance costs and undertakes, in particular, to provide sufficient insurance to cover the risks of transporting the Products.

Article 8 - Prices and Conditions of Payment

A. Prices :
The sales price of each product ex-works by the Manufacturer will be that indicated in appendix ____________ attached hereto.
These prices may be modified as follows
B. Conditions of payment :
The Conditions of payment in _______ *[name of country]* are the following:
a) For the purchase by the Distributor of its initial stock of the Products, which purchase should be made within following the date on which the present contract takes effect and on which the Manufacturer has given explicit and written authorization to sell in the territory.
And in the place of the present Distributor: 180 days without charge, beginning at the time of billing by the Manufacturer by bank transfer, it

being understood that the Distributor will benefit from a 3% reduction in the price if payment is made to the Manufacturer within the 120 days following such billing;

b) For all other purchases of the Products, payment should be made within 90 days without charge, following billing by the Manufacturer it being understood that the Distributor will benefit from a 3% reduction in the price if payment is made to the Manufacturer within 60 days following such billing.

Article 10 - Minimum Annual Sales Volumes

The Distributor agrees to make during each twelve-month period under the present Agreement minimum purchases of the Products from the Manufacturer which minimum purchases shall be for the following minimum number of units of the Products:

1st year: 1 million units of Products;

2nd year: 2 million units of Products;

3rd year: 3 million units of Products.

It being specified that half of the excess number of Products purchased by the Distributor during the first twelve-month period over the minimum annual purchase requirements for the said period will be, for the purpose calculating the annual minimum purchase requirements, carried over to the second twelve-month period, and half will be carried over to the third twelve-month period. The excess realized under the same terms during the second twelve-month period will be carried over as a credit to the minimum annual purchase requirements for the third twelve-month period.

Article 9 – Term

This Agreement is made for a term of three years. It shall take effect on ______________ and will end on ____________.

This contract will be extended by tacit Agreement from year to year at the end of the initial three-year period or at the end of any one of the one-year extension periods by giving six months notice to the other Party by registered letter, return receipt requested.

The Parties to the present Agreement agree to meet eight months prior to the expiration of the present contract, or as the case may be, eight months prior to the annual extensions, if any, in order to establish by mutual Agreement the minimum purchase requirements of the

CONTRAT TYPE

Products to be applicable for each of the three-year period for which the present contract shall be extended, if any.

Article 10 – Termination

The Manufacturer shall be entitled to terminate this Agreement by registered letter, return receipt requested, immediately and without notice in the event of:

a) The Distributor does not perform any one of the obligations under this Agreement.

b) The Distributor selects sub-distributors for the Products the prior written consent of the Manufacturer,

c) The Distributor fails to make the minimum annual purchases established by article 9.

On termination of this Agreement the Distributor shall immediately return to the Manufacturer all catalogues, price lists, tariffs documents or Products belonging to the Manufacturer then in its possession.

Article 11 - Applicable Law and Authentic Text

The Contract is governed by the law in force in the country where the Manufacturer has its head office. The ________ text of this contract is authentic.

Article 12 - Competence

Any dispute arising out or in connection with this Agreement shall be settled without recourse to the courts, in accordance with the Rules of Conciliation and Arbitration of the International Chamber of Commerce, by one or more arbitrators designed in conformity with those Rules, the awards being final and binding. The arbitrator or arbitrators shall have power to rule on their own competence and on the validity of the Agreement to submit to arbitration.

Agreement made in Paris, this _____ day of_____________, in 6 (six) original copies.

The Manufacturer	The Distributor
____________________________	____________________________

CONTRAT TYPE

2.3 Le contrat de franchise

Entre les soussignés :

La société ________________, *[forme juridique]* au capital de ________________ euros, dont le siège social est ______________ _____, enregistrée au Registre du Commerce et des Sociétés de ___________sous le numéro _____________, représentée par M. _________________________ *[nom et qualité],*

ci-après désignée « le Franchiseur »,

d'une part,

et

La société ________________, Société *[forme juridique]* au capital de ________________ euros, dont le siège social est _____________ ______, enregistrée au Registre du Commerce et des Sociétés de ______________ sous le numéro ___________, représentée par M. _______________________ *[nom et qualité],*

ci-après dénommée « le Franchisé »,

d'autre part,

Il a été convenu ce qui suit :

PRÉAMBULE

a) Le Franchiseur a mis au point un savoir-faire consistant en________ qu'il a éprouvé depuis plusieurs années, d'abord dans ses propres établissements, puis dans un réseau franchisé ;
b) Le Franchiseur est propriétaire de la marque ________ qui est renommée pour sa haute qualité ;
c) Le Franchiseur souhaite étendre son réseau de franchise, en fait de quoi il concède au franchisé le droit de s'installer dans les lieux et de gérer le ____________ ;
d) Le Franchisé souhaite lui voir concéder le droit de gérer ________ dans les lieux définis ci-après ;

e) Le Franchisé louera les lieux ;
f) Le Franchiseur reconnaît que le Franchisé sera seul à même de prendre les risques présentés dans la gestion de ______________ ;
g) Le Franchisé reconnaît avoir bénéficié de conseils avisés de nature financière et légale avant la signature du contrat.

Les parties sont tombées d'accord sur ce qui suit :

1. Définitions

Les expressions fréquemment utilisées sont détaillées ci-après, les autres moins fréquemment usitées figurent dans le corps même du contrat.

Équipement : détaillé en Annexe ___
Droits d'entrée : détaillés en Annexe ____
Package initial : détaillé en Annexe ____
Formation initiale : détaillée en Annexe ____
Know-How : détaillé en Annexe____
Loyer : détaillé en Annexe ____
Frais de gestion : détaillés en Annexe ____
Manuel : détaillé en Annexe _____
Enseigne : détaillée en Annexe _____
Menu : détaillé en Annexe _____
Lieu : détaillé en Annexe _____
Frais de publicité et de promotion : détaillés en Annexe ____
Frais de services : détaillés en Annexe ______

Article premier – Objet

Le Franchiseur souhaite concéder au Franchisé le droit de gérer ______ en utilisant l'enseigne suivant les termes du contrat ci-après.

Article 2 – Périmètre d'exclusivité

Pour toute la durée du présent contrat, le Franchiseur s'engage à ne pas accorder de franchise et à ne pas s'installer lui-même dans le périmètre ci-après défini : *[territoire, pays].*

Article 3 – Marque et enseigne

Le Franchiseur accorde au Franchisé, pour la durée du contrat et dans le périmètre concédé, le droit d'utiliser sa marque dans le seul but de gérer l'activité du Franchisé et cela aussi longtemps que le contrat demeurera en vigueur et qu'il sera géré convenablement.

En outre, le Franchisé s'engage à signaler par écrit au Franchiseur, dès qu'il en aura connaissance, toute action en contrefaçon ou en concurrence déloyale. Pour autant aucune action en justice n'émane du Franchisé.

Article 4 – Durée du contrat

Ce contrat est passé pour une durée de trois ans. Il prendra effet, le __________ et arrivera à son terme le _____________ .
Ce contrat sera ensuite reconduit par tacite reconduction, sauf si l'une des parties y met un terme à la fin de la période de trois ans, ou à la fin de n'importe quelle année supplémentaire, en donnant à l'autre partie un préavis de six mois par lettre recommandée avec accusé de réception.
Les signataires acceptent de se rencontrer 8 (huit) mois avant la fin des reconductions annuelles, afin d'établir d'un commun accord les quantités minima de produits à acheter pour chacune des années pour lesquelles ce contrat sera reconduit si c'est le cas.

Article 5 – Lieu

Le Franchisé sera locataire des lieux visés. Les termes du loyer auront été préalablement acceptés par le Franchiseur.

Article 6 – Équipements fixes et installation

Le Franchiseur assistera le Franchisé en lui apportant tout équipement et matériel nécessaire à la mise en place de l'activité définie en annexe ____ .

Article 7 – Assistance au Franchisé

Le Franchiseur sera uniquement responsable du recrutement des employés.
Le Franchiseur, pendant la durée du contrat, assistera le franchisé en lui apportant des séances de formation régulières et obligatoires relatives à la comptabilité et à la gestion.
Les séances de formation seront réputées être à la charge du Franchiseur.
Le Franchiseur donnera des conseils au Franchisé en ce qui concerne la publicité et la communication.
Le Franchiseur assistera le Franchisé en lui apportant toute information utile quant à la mise en place de changements relatifs au décor et/ou à l'organisation des lieux.

Article 8 – Obligations financières du Franchisé

Le Franchisé devra payer au Franchiseur sans déduction les sommes suivantes :

a) immédiatement à la signature dudit accord, les frais d'entrée, soit __________ ;

b) immédiatement à la signature dudit accord , les frais ayant trait au package initial défini en annexe ___;

c) les frais de services qui seront dus et payables dans les trois (3) de jours ouvrables de la fin de chaque mois calendaire par crédit direct ;

d) les Frais de promotion et de publicité qui seront dus et payables dans les trois (3) jours ouvrables de la fin de chaque mois calendaire par crédit direct. Ces frais ne sont pas exigibles pendant les six premiers mois du contrat, étant entendu que cette concession n'est pas exigible en cas de renouvellement du contrat.

e) dans les trente (30) jours suivant la présentation de la facture par les services du Franchiseur correspondant aux produits ou services, étant entendu que lesdits produits ou services ne se limitent pas aux aides promotionnelles, à la publicité ou aux brochures.

f) les frais légaux relatifs à la signature du contrat.

Article 9 – Obligations du Franchisé à l'égard des tiers

Le Franchisé ne fera usage du savoir- faire du Franchiseur que pour les besoins de l'exploitation et ne le révélera pas aux tiers.

Article 10 – Clause de conformité

Ce contrat est conforme à la loi britannique en vigueur et à la réglementation européenne ainsi qu'aux normes de santé concernant la conservation et la préparation des aliments. Ainsi qu'aux règlements locaux applicables en la matière.

Article 11 - Clause de secret

Le Franchisé ne communiquera aucune information, ni secret de nature commerciale ou information confidentielle dont il aurait eu connaissance durant la durée du contrat.

Article 12 - Clause de comportement

Le Franchisé utilisera les règles de l'art pour maintenir le plus haut niveau de qualité dans la gestion du _________ .

Article 13 - Force majeure

On entend par force majeure des événements de guerre déclarés ou non-déclarés, de grève générale de travail, de maladies épidémiques, de mise en quarantaine, d'incendie, de crues exceptionnelles, d'accidents ou d'autres événements indépendants de la volonté des deux parties. Aucune des deux parties ne sera tenue responsable du retard constaté en raison des événements de force majeure.

En cas de force majeure, constatée par l'une des parties, celle-ci doit informer l'autre partie par écrit dans les meilleurs délais. L'autre partie disposera de dix jours pour la constater.

Les délais prévus pour la livraison seront automatiquement décalés en fonction de la durée de la force majeure. Toutefois, dans les circonstances exceptionnelles dûment prouvées, les deux parties statueront d'un commun accord sur les nouveaux délais de livraison.

Si cette période dépassait les 180 (cent quatre-vingts) jours, le Franchiseur avertirait par écrit le Franchisé et exigerait que :

a) les sommes dues par le Franchiseur soient payées immédiatement ;

b) le Franchisé cesse l'activité immédiatement jusqu'à nouvel ordre du Franchiseur.

Article 14 - Obligation de réaliser un chiffre d'affaires minimum

Le Franchisé s'engage à transmettre un minimum d'ordres de _______________ pour une période de __________ *[durée]*.

Si le Franchisé n'exécute pas cette obligation, le Franchiseur aura le droit de résilier le contrat par lettre recommandée à la fin de *[l'année civile/ du semestre/ du trimestre ou du mois]* moyennant un préavis de ________ *[durée]*.

Article 15 - Expiration du contrat

Le Franchiseur sera autorisé à mettre fin à ce contrat par lettre recommandée avec accusé de réception immédiatement et sans délai au cas ou le Franchisé ne se soumettrait à l'une des obligations du contrat.

A l'expiration de ce contrat, le Franchisé devra immédiatement remettre au Franchiseur tous les catalogues, listes de prix, tarifs, documents alors en sa possession.

Article 16 - Loi application et juridiction

Le présent contrat et ses conséquences sont régis par la loi britannique.

Fait à ____________ , le ________________ , en 6 (six) exemplaires.

Le Franchiseur ________________________

Le Franchisé ________________________

Franchise Agreement

Between:

1) *[Company]* the registered office of which is *[place]*, (otherwise called the "Franchiser", "We", "Ourselves, "Us"),
And
2) *[Company]* the registered office of which is *[place]* (otherwise referred to as the "Franchisee", "You", or "Yourself"),

Whereas:

A) We have developed the ______ concept and have established reputation and distinctive image with the public for the ______.
B) We are the proprietors of the marks that are known as representing high standards of ________.
C) We wish to expand our franchised network and are therefore willing to grant to you the rights set out herein to enable you to operate a ______ *[type of business]* on the Premises.
D) You desire the right during the continuance of this Agreement to operate a __________ *[type of business]* in __________ *[country, territory]*.
E) You will enter into a lease in respect of the Premises.
F) You acknowledge that you alone will carry the risk of operating Your "____".
(G) You acknowledge that you have taken full legal and financial advice on this Agreement prior to its execution.

Whereby it is agreed as follows:

Definitions

The following expressions that are frequently used in this Agreement shall have the meanings attributed to them below. Other less frequently used expressions are defined in the body of this Agreement.
Equipment detailed in appendix ____
Franchise Fee detailed in appendix ____
Initial Package detailed in appendix ____
Initial Training detailed in appendix ____

Know-How detailed in appendix ____
Lease detailed in appendix ____
Management Fee detailed in appendix ____
Manual detailed in appendix ____
Marks detailed in appendix ____
Menu detailed in appendix ____
Premises detailed in appendix ____
Promotion and Advertising Fee detailed in appendix ____
Service Fee detailed in appendix ____

Article 1 - Object

We grant to you during the term and subject to the terms and conditions hereof the rights to carry on *[type of business]* on the Premises and use the Marks " _______" in accordance with this Agreement.

Article 2 - Exclusivity Radius

During the currency of the Agreement, the Franchiser shall not grant any franchise and shall not settle itself within the radius here after defined _____.

Article 3 - Marks

The Franchiser authorizes the Franchisee, during the currency within the radius granted to use the Marks solely for the operation of The Franchisee's _____ *[type of business]* so long as this Agreement subsists and any such usage will be in accordance with the reasonable directions.
If the Franchisee becomes aware of any infringement of the Marks by any other Party trading with Marks similar or identical to the Marks, he shall immediately notify the Franchiser thereof in writing but will take no other action against the infringer save as to assist Us in any action the Franchiser may take.

Article 4 - Term and Renewal

This Agreement is made for a term of three years. It shall take effect on ________ and will end on ________________.
This contract will be extended by tacit Agreement from year to year at the end of the initial three (3) years period or at the end of any one of the one-year extension periods by giving six months notice to the other Party by registered letter, return receipt requested.
The Parties to the present Agreement agree to meet eight months prior to the expiration of the present contract, or as the case may be, eight

months prior to the annual extensions, if any, in order to establish by mutual Agreement the minimum purchase requirements of the products to be applicable for each of the three years for which the present contract shall be extended, if any.

Article 5 – Premises

The Franchisee shall hold a lease the terms of which shall have first been agreed in writing by the Franchiser

Article 6 – Equipment Fixture and Fitting

The Franchiser will provide the Franchisee with the equipment and other materials necessary for the start-up of _______ set out in Appendix 1.

Article 7 – Assistance to the Franchisee

The Franchiser shall be responsible solely for the recruitment of employees.

The Franchiser during the currency of the contract shall assist the Franchisee in providing regular and compulsory training in connection with management and accounting.

All the training should be charged by the Franchiser.

The Franchiser shall advise the Franchisee in relation to advertising and public relations.

The Franchiser shall assist the Franchisee with reasonable information and implementing any changes to the system and the décor or layout of the premises.

Article 8 – The Franchisee Financial Obligations

The Franchisee shall pay to the Franchiser without deduction or set-off the following sums:

a) Immediately upon signing this Agreement the Franchise Fee;

b) Immediately on signing this Agreement the fee for the initial package set out in appendix ___.

c) The Service Fee which shall become due and payable within three (3) working days of the end of each calendar month by direct debit.

d) The Advertising and Promotion Fee which shall become due and payable within three (3) working days of the end of each calendar month by direct debit [save that for the first six (6) months of this Agreement no Advertising and Promotion Fee shall be payable (this concession shall only be applicable to the first franchise Agreement you enter into with us and not to any Renewal Agreement)].

CONTRAT TYPE

e) Within thirty (30) days of the date of an invoice presented to You by Us the cost of any products or services from time to time provided to You including but not limited to advertising, promotional aids such as leaflets and other goods or services supplied to You by Us during the invoice period.

f) Our legal costs in respect of the signing of this Agreement.

Article 9 – Franchisee Obligations to Third Parties

The Franchisee shall not use the know-how for any purpose other than exploitation of the ______, and not to disclose the know-how to third Parties.

Article 10 – Compliance with Regulations, etc.

The contract shall at all times comply with all relevant British, European and other health and safety standards or regulations relating to the storage preparation and storing of food stuffs and all statutory and other legal requirements and regulations of local authorities and other bodies.

Article 11 – Confidentiality and Undertakings

The Franchisee shall not divulge or communicate to any person (other than those whose province it is to know the same or upon our instructions or with our approval), nor any of our trade secrets or other confidential information which the Franchisee may have received or obtained during the terms of this Agreement or any renewal.

Article 12 – Diligence

The Franchisee shall use its best endeavors and maintain the highest standards in all matters connected with the ___________ business.

Article 13 – Force Majeure

This Agreement shall be suspended during the period and to the extent of such period that We reasonably believe either of Us are prevented or hindered from complying with its obligations under any part of this Agreement, by any cause beyond your or our reasonable control (as the case may be) including but not restricted to strikes, war, fuel shortage, civil disorder, and natural disasters.

If such period of suspension exceeds one hundred and eighty (180) days, then We shall upon giving written notice to You, be able to require that:

a) All money due to us shall be paid immediately

And

b) You shall immediately cease trading, until further notice from Us.

Article 14 – Obligation To Promote a Minimum Turnover

The Franchisee shall transmit not less than __________ orders during any period of ___________.

If the Agent fails so to do so, the Franchiser shall be entitled to terminate the contract by registered letter at the end of the current calendar *[year/ half year/ quarter/ month]*, subject to giving prior notice of ______ months, weeks.

Article 15 – Termination

The Franchiser shall be entitled to terminate this Agreement by registered letter, return receipt requested, immediately and without notice if:

a) The Franchisee does not perform any one of the obligations under this Agreement.

b) The Franchisee fails to make the minimum annual purchases established by article 9.

On termination of this Agreement the Franchiser shall immediately return to the manufacturer all catalogues, price lists, tariffs documents or products belonging to the Franchiser then in its possession.

Article 16 – Choice of Law and Jurisdiction

This Agreement shall be governed by and construed according to English law by the English courts.

This Agreement is made this ___________ of _______________, in 6 (six) copies.

The Franchiser	The Franchisee
____________________________	____________________________

Chapitre 4

Les contrats de licence

1 GÉNÉRALITÉS

La licence est le contrat par lequel le concédant accorde à une autre personne, le licencié, le droit d'exploiter un brevet (ou autre) en tout ou partie, moyennant une rémunération consistant le plus souvent en des redevances proportionnelles à l'exploitation appelées aussi royalties.

1.1 Étendue du droit d'exploitation

- **Licence simple ou exclusive.** Dans la licence simple, le licencié conserve le droit d'exploiter lui-même ou de concéder d'autres licences à d'autres personnes. Dans la licence exclusive, le droit d'exploitation est réservé au licencié dans un secteur déterminé.
- **Sous-licence.** En principe, le licencié ne peut pas concéder, à son tour, un droit d'exploitation du brevet à des tiers. Dans certains cas, le contrat met parfois à la charge du licencié quelques obligations particulières : agrément des sous-licenciés par le titulaire du brevet, communication du contrat au breveté, versement à celui-ci d'une partie des redevances dues par le sous-licencié, droit de vérifier la comptabilité du sous-licencié.

1.2 Champ d'application

Il peut :

- Porter sur le brevet lui-même et ses perfectionnements ;
- Porter sur la vente et la fabrication du ou des produits brevetés ou seulement sur la fabrication ou sur la vente ;
- Ouvrir seulement droit à l'usage soit des machines livrées par le breveté, soit d'un procédé à mettre en œuvre avec les appareils et le matériel livrés par le breveté ;
- Autoriser toutes les applications possibles de l'invention ou seulement certaines d'entre elles.

1.3 Territoire d'exploitation

En principe, la licence est concédée pour le territoire couvert par le brevet. Si le licencié l'exploite en dehors des territoires autorisés, il commet un acte de contrefaçon.

1.4 Secret

Les contrats de licence prévoient généralement que le licencié devra garder secrètes les informations qui lui sont communiquées au titre du contrat.

1.5 Non-concurrence

Le licencié ne pourra pas concurrencer les produits du breveté.

Le contrat de licence de progiciel est celui par lequel le prestataire accorde au client une licence d'utilisation du progiciel. On entend par progiciel : l'ensemble complet et documenté de programmes informatiques conçus pour être fournis à plusieurs utilisateurs en vue d'une même application et d'une même fonction. Ce droit d'utilisation n'est ni transférable ni exclusif du progiciel et des documentations. Le progiciel reste la propriété du prestataire. Ce contrat est conforme à la législation relative aux progiciels et notamment à l'arrêté du 22 décembre 1981.

1.6 Redevance

Il est indispensable qu'un prix déterminé ou déterminable soit mis à la charge du licencié en contrepartie du droit d'exploitation concédé par le breveté.

Exigibilité de la redevance. Sauf clause contraire, la redevance est due à partir de la date d'entrée en application du contrat de licence et jusqu'à celle de son expiration.

Les parties peuvent convenir des solutions suivantes :

- Les redevances peuvent être rendues exigibles seulement à compter du jour où le licencié est en mesure d'exploiter ;
- Le licencié peut être tenu de verser les redevances pendant une période déterminée même après l'expiration de son droit de jouissance sur le brevet ou autre ; les parties peuvent ainsi échelonner sur cinquante ans la rémunération au lieu de la concentrer sur la seule période de validité du brevet ou autre et ce dans leur intérêt respectif.

Taux des redevances. Les redevances peuvent consister en une somme forfaitaire payable selon le cas, en une seule fois ou périodiquement, au mois ou à l'année. Rien n'interdit de prévoir aussi un intéressement aux bénéfices du licencié ou réciproquement à ceux que retire par ailleurs le breveté.

Le plus souvent, les redevances sont proportionnelles au chiffre d'affaires ou au nombre des produits fabriqués sous licence.

1.7 Déclaration des contrats conclus avec l'étranger

Tout contrat ou tout avenant de contrat ayant pour objet la cession ou l'acquisition des droits de propriété industrielle ou assimilés, intervenant entre des résidents français et des résidents étrangers est soumis à la déclaration à l'INPI, 26 bis, rue de Saint-Pétersbourg, 75008 Paris.

1.8 Logiciels

La création et l'utilisation d'un logiciel, y compris le matériel de conception préparatoire, sont soumises aux dispositions du code de la propriété intellectuelle.

A défaut de définition donnée par la loi, le logiciel qui y est visé doit être entendu comme l'ensemble des programmes, des procédés et des règles et éventuellement de la documentation relative au fonctionnement d'un ensemble de traitement de données.

L'auteur du logiciel est le créateur d'un logiciel original. Le logiciel est original lorsqu'il comporte un apport intellectuel de la part de son créateur.

Attributaires des droits. Les droits d'auteur sur le logiciel appartiennent aux personnes suivantes :

- Le créateur. Celui qui a pris l'initiative de créer un logiciel et de le réaliser en est l'auteur conformément aux critères attributifs de cette qualité. Tel est le cas de celui qui a créé un logiciel avant son embauche dans une entreprise, la version développée ensuite dans le cadre de ses fonctions n'étant qu'une version procédant du logiciel originel ;
- L'employeur. Dès lors que les salariés ne se sont pas expressément réservé par une stipulation particulière leurs droits d'auteur, les droits patrimoniaux portant sur le logiciel créé par eux dans l'exercice de leurs fonctions ou d'après les instructions de leur employeur sont dévolus à ce dernier qui est le seul habilité à les exercer.

2 Contrats types

2.1 Transfert de licence

Entre les soussignés :

La société ________________, *[forme juridique]* au capital de ________________ euros, dont le siège social est ______________ ______, enregistrée au Registre du Commerce et des Sociétés de ___________sous le numéro ______________, représentée par M. __________________________ *[nom et qualité]*,

ci-après désignée « le Concédant »,

d'une part,

et

La société ________________, Société *[forme juridique]* au capital de ________________ euros, dont le siège social est ____________ ______, enregistrée au Registre du Commerce et des Sociétés de _______________ sous le numéro ____________, représentée par M. _________________________ *[nom et qualité]*,

ci-après dénommée « le concessionnaire »,

d'autre part,
Il a été convenu ce qui suit :

Préambule

Le contrat trouve sa justification dans les faits et les informations ci-dessous exposés relatifs tant au procédé utilisé, qu'à la renommée et au savoir-faire de la société _______________ .

Brevet

Le Concédant a mis au point un traitement pour les liquides, qui n'utilise pas de procédé externe ou chimique.

[nom du procédé] est un traitement pour les liquides en général. Sa première utilisation est d'empêcher la formation de dépôts dans les tuyaux et accessoires, et d'enlever les dépôts existants sans causer de corruption.

[nom du procédé] est un catalyseur tout à fait unique. Il change les propriétés magnétiques des minéraux dans le liquide de façon telle qu'ils se repoussent les uns des autres. Il en est de même des parois des tuyaux et accessoires .

[nom du procédé] augmente le champ magnétique de l'eau en mouvement et altère les particules minérales pour que la formation de tartre dur et les incrustations soient éliminées. Le tartre devient mou et se transforme en sédiments amorphes qui sont éliminés avec l'eau. Aux endroits où ces sédiments s'accumulent, ils sont facilement éliminés.

[nom du procédé], n'utilise pas de procédé externe ou chimique. Il n'y a aucun changement dans l'eau, son pH, ou sa dureté, mais pourtant la dureté des minéraux est modifiée comme si l'eau avait été adoucie. Les cristaux formés ne forment ni tartre ni dépôt, mais ils sont suspendus dans l'eau. La formation de dépôts est stoppée.

Renommée

Le Concédant a acquis en particulier une renommée mondiale pour la qualité de sa marque.

Savoir-faire

Depuis plusieurs années *[nom du concédant]* a acquis une expertise reconnue dans le développement de ______.

En fait de quoi le Concédant a souhaité fabriquer et vendre le brevet mentionné plus haut, et concéder une licence pour le brevet *[nom du brevet]* associé au savoir-faire.

En fait de quoi les parties au présent contrat sont tombées d'accord sur ce qui suit :

Article premier – Définitions

Sauf avis contraire, les termes ci-après seront définis comme suit :

Le contrat : transfert de brevet /savoir-faire ;

Le territoire défini dans l'article 4 sera le lieu de fabrication et du commercialisation des produits tels que définis ci-après ;

Les produits ______________ *[nom des produits]*.

Article 2 - Nature de la licence

Dans la mesure où il en a le droit, le Concessionnaire concède par la présente une licence exclusive du procédé ____________ destiné à être fabriqué, utilisé ou vendu à la société Concessionnaire.

Article 3 - Sous-licence

Il n'est accordé ci-après à la société Concessionnaire aucun droit de concéder des sous-licences sans l'accord écrit préalable du Concédant. Ces dernières prendront fin en même temps que le présent accord auquel elles seront soumises. De plus la société concessionnaire sera tout autant responsable des activités de sous-licence au titre d'une telle licence, que s'il s'agissait de ses propres activités au titre du présent accord, y compris, mais de façon non limitative, pour le paiement de redevances.

Article 4 - Territoire

Le Concessionnaire ne pourra fabriquer selon la technique ni vendre lesdits produits que sur le territoire de ______________.

Article 5 - Royalties

L'accord est concédé en contrepartie du paiement d'une redevance annuelle s'élevant au taux de 3% (trois pour cent) du revenu total de______________ hors taxes.

Article 6 - Durée

L'accord est conclu pour une durée de ______________ ans, en année pleine et consécutive, à partir du ______________ .

A la fin du terme du contrat, l'accord sera tacitement renouvelé tous les ___ ans, à moins que l'une ou l'autre partie en décide autrement, en l'avisant par écrit, avec accusé de réception, 6 (six) mois avant l'expiration du terme de l'année en cours.

Ce contrat annule et remplace tout accord verbal et écrit antérieur. Tout changement à cet accord, annexes comprises devra être opéré par des amendements signés par chacune des parties.

Article 7 - Communication des informations. Assistance

Le Concédant apportera au Concessionnaire, tant à l'oral durant les visites de ses ingénieurs, qu'à l'écrit, au moyen de documentation technique et commerciale, manuels de production, schémas techniques et tout autre document utile.

Le Concessionnaire apporte tout son savoir-faire qui existe ou qui sera développé dans le futur.

Article 8 - Marque

Le procédé concerné par cet accord devra être vendu sous la marque __________.

En conséquence de quoi, le Concédant concède au Concessionnaire le droit d'utiliser sa marque dans le territoire.

À cet effet, le Concédant concède en tant que provision accessoire une redevance gratuite et exclusive d'utiliser la marque et les annexes s'y référant comme partie intégrante du contrat.

Article 9 - Échéance du paiement et redevances

Les redevances telles que définies dans l'article 5 seront payées chaque trimestre par transfert bancaire dans les 45 (quarante-cinq) jours suivant la fin du trimestre échu.

Le Concessionnaire communiquera ses revenus obtenus au cours du dernier trimestre échu au Concédant, pour le calcul de la redevance.

Article 10 – Secret

Le Concessionnaire ne communiquera aucune information reçue par le Concédant durant la durée du contrat, et 5 (cinq) ans après le terme du contrat.

Article 11 – Perfectionnement. Transfert de savoir-faire

L'une ou l'autre des parties informera l'autre de toute amélioration relative au brevet.

Article 12 - Contrefaçon

Chacune des parties, à tout instant sera tenue d'informer l'autre sur toute contrefaçon relative au brevet, dont elle aura eu connaissance. De même, pour tout manquement à la clause de secret relatif au savoir-faire.

Article 13 - Force majeure

On entend par force majeure des événements de guerre déclarés ou non-déclarés, de grève générale de travail, de maladies épidémiques, de mise en quarantaine, d'incendie, de crues exceptionnelles, d'accidents ou d'autres événements indépendants de la volonté des deux parties.

Aucune des deux parties ne sera tenue responsable du retard constaté en raison des événements de force majeure.

En cas de force majeure constatée par l'une des parties, celle-ci doit en informer l'autre par écrit dans les meilleurs délais. L'autre partie disposera de dix jours pour la constater.

Les délais prévus pour la livraison seront automatiquement décalés en fonction de la durée de la force majeure. Toutefois, dans les circonstances exceptionnelles dûment prouvées, les deux parties statueront d'un commun accord sur les nouveaux délais de livraison.

Article 14 - Clause résolutoire

En cas d'inexécution par l'une des parties des obligations visées aux articles ci-dessus, le contrat sera, si bon le semble au créancier des obligations inexécutées, résolu de plein droit sans préjudice des dommages-intérêts qui pourraient être réclamés à la partie responsable de l'inexécution.

La résolution prendra effet 30 (trente) jours après mise en demeure restée infructueuse.

Article 15 – Autres effets résolutoires

Le Concessionnaire retournera toute documentation mentionnée à l'article 10 dans les 15 (quinze) jours suivant la cessation du contrat.

Le Concessionnaire pourra vendre les produits restés en stock au moment de l'expiration ou de la cessation du contrat, une fois dûment inventoriés par un tiers choisi par les parties au contrat.

Le Concessionnaire devra payer les redevances telles que définies par l'article 5 du présent contrat, et ce dans les 30 (trente) jours au plus tard après la vente des stocks.

Article 16 - Loi applicable. Texte original

Le contrat est régi par la loi du pays ou le Concédant a son siège social. Le texte *[indication de la langue]* du présent contrat fait foi comme texte original.

Article 17 - Compétence

Il est fait attribution pour tous litiges éventuels aux tribunaux compétents du siège du Concédant. Celui-ci pourra cependant, lorsqu'il sera demandeur, porter le litige devant les tribunaux compétents du siège du Concessionnaire.

CONTRAT TYPE

Fait le____________ à _________________________ en 6 (six) exemplaires.

Le Concédant	**Le Concessionnaire**
______________________	______________________

License Agreement

CONTRAT TYPE

Between

_________, a limited liability company under the laws of France, registered office represented by Mr. _________________________ in his capacity as Managing Director, hereinafter called, "the Licenser",

And

_____________________, a limited liability company under the laws of __________________, registered office, ____________________, represented by Mr. __________________ in his capacity as CEO, hereinafter called "the Licensee",

Recitals

This contract is based on the facts and information below concerning _____ process, reputation and know-how.

Process

The ___________ process removes and prevents scale build-up in water systems without chemicals or filters.

The ___________ process is a treatment for liquids in general. Its primary purpose is the prevention of the formation of mineral deposits scale and encrustation in pipes and fixtures, and the removal of existing deposits without causing corrosion.

The ___________ process does not add anything to nor take anything from the liquid.

The ___________ process is a very unique catalyst. It changes the magnetic properties of the minerals in the liquid in such a manner that they are repelled from each other and from the walls of pipes and fixtures. This prevents the formation of scales and removes those that exist.

The ___________ process does not require an external energy source, it is entirely self-contained.

The __________ process treatment can be applied to systems that handle a trickle of flow or to a city's entire water system, and every system, and everything in between.

The __________ process catalytic action simply prevents mineral deposits and removes those that exist without changing the chemical properties of the water.

Reputation

The Licensor and its trademarks in particular have acquired a worldwide renown for quality from which its licensees benefit.

Know-How

Over the years, the Licenser has acquired and perfected expertise in the development of the ___________ process.

The above stated, the Licensee has expressed its wish to fabricate and sell the aforementioned systems and products, and has applied for a license to exploit the aforesaid process and associated know-how.

Therefore, the Parties hereby agree as follows:

Article 1 - Definitions

Unless expressly defined otherwise, the terms below shall have the following meaning:

Agreement: the present transfer technology Agreement,

Territory: the territory defined in Article 4, covered by the Agreement.

Products: ___________.

Article 2 - Nature of License

Subject to the provisions governing technology transfer, the Licenser grants the Licensee an exclusive license to fabricate and sell the products within the territory of _________, as well as all new inventions by _______, affecting the process, as well as any improvements in _______ *[name of the process type].*

The exclusive license grants the Licensee the sole right to make, have made, use, sell and commission the sale of the products and any new inventions and improvements in the territory of ___________, for all possible applications.

The Licensee may only make, have made, use, sell and communicate the sale directly or indirectly of products likely to compete with the Products after obtaining the Licensor's prior consent.

Article 3 - Sub-License

The Parties expressly agree that the Licensee may grant______ sub-license to fabricate and sell the products, and that it will take sole responsibility for prospecting sub-licenses.

Article 4 - Territory

This Agreement is granted through out the ___________.
Should the Licensee wish to develop its export sale network outside the territory, it shall obtain prior written consent from the Licensor who will provide assistance if required.
Should difficulties be encountered in pursuing the Agreement, or should it prove impossible to pursue in a part of the territory of ___________, this shall not give rise to termination of said Agreement.

Article 5 - Royalties

The Agreement is granted in consideration of payment of yearly royalties at a rate of 3% (three per cent) of Licensee's total revenues exclusive of VAT.

Article 6 - Term

The Agreement shall run for a term of ______ *[number in letters]* full and consecutive years from _____________.
At the end of the term of the contract, the Agreement shall be tacitly renewed every _______ *[number in letters]* years, unless either Party gives notice of termination to the other by registered letter with bill of receipt no later than 6 (sixth) months before the end of the term then in progress.
This Agreement supersedes all other previous verbal and written understandings. Any change to the Agreement or its constituent annexes shall be effected by written amendment signed by both Parties.

Article 7 - Communication of Information. Assistance

Licensor shall provide Licensee both verbally during visits by its engineers and in written form by means of documentation, engineering and market research, production manuals, engineering drawings and schematics, and quality standards with all the information it needs in connection with the process.
Licensor shall provide with all attendant know-how that exists or may be developed in the future.

Article 8 – Marking of Process

The process covered by the Agreement shall be sold under the Licensor's trademark and associated trademarks.
Consequently Licensor grants Licensee the right to use its trademark in _______ *[name of country]*. To this effect, Licensor grants as an acces-

CONTRAT TYPE

sory provision of the Agreement a royalty-free exclusive license to use the trademarks listed and annexed hereto as an integral part of the Agreement.

Article 9 – Terms of Payment of Royalties

Royalties due under the term of article 5 above will be payable per quarter by bank transfer within forty-five days of the end of the last elapsed calendar quarter.

Licensee will communicate its revenues over the last elapsed quarter to Licensor, to serve as a basis for calculating royalties.

Article 10 – Non-Disclosure

Licensee shall not disclose any information communicated to it by Licensor during the course of the Agreement, and for five years thereafter.

Article 11 – Improvement. Transfer of Know-How

Either Party shall inform the other of any improvements made to the process.

Article 12 – Infringement

Each Party will inform the other of any infringement of the process that is brought to its notice. The same shall apply to any failure to observe the non-disclosure provision regarding know how.

Article 13 – Waiver of Rights and Sufferance

The waiver by either Party, at any time, of a breach of its rights shall not operate or be constructed as a waiver of any subsequent breach of those rights.

Article 14 – Force Majeure

Performance of all or part of the contractual obligations incumbent on the Parties under the terms herein shall be deferred in the event of force majeure.

Force majeure means any event that the Parties could not be expected to foresee, that is entirely beyond the control of the defaulting Party, and that prevents the obligations of the Agreement being performed as originally intended.

The Parties agree that the following in particular shall be considered cases of force majeure: war riots, fire, strike, inability to procure, and general transportation stoppage.

In the event of force majeure, as defined above, the invocating Party shall give notice to the other Party by registered letter with bill of receipt, or by telex or facsimile transmission within eight days of the event.

Article 15 - Termination

The Agreement shall terminate with immediate effect if either Party defaults on any of its contractual obligations, and fails to remedy within 30 (thirty) days of receiving notice to this effect from the other Party by registered letter with bill of receipt.

Article 16 – Effect on Expiry of Termination

Licensee shall return any documentation mentioned in article 10 within 15 (fifteen) days on the date on which the Agreement ceases to be effective.

Licensee may sell off any products left in stock at the time when the Agreement expires or is terminated, until all stocks have been sold, once they have been inventoried by a third Party appointed by Agreement between the Parties.

Licensee shall pay Licensor any royalties due under the terms of article 5 above no later than 30 (thirty) days after all stocks have been sold off.

Article 17 - Language

This Agreement exists in 6 (six) original copies, in English.

Any translation, particularly into ______ or French, shall be reputed for the sole needs of Party responsible for requesting, performing or commissioning the translation.

In the event of a dispute, the English original shall prevail.

Article 18 - Governing law

The laws of France should govern the Agreement.

Article 19 – Arbitration

All disputes arising out of or in connection with this Agreement shall be finally settled by arbitration under the ICC (International Chamber of Commerce) in Paris. The place of arbitration should be Paris.

Article 20 - Registration and fiscal charges

All charges, taxes and duties payable with respect to the Agreement, and to the payment of royalties as defined in article 5 above shall be borne, in each country, by the resident Party who undertakes to make

prompt payment and comply with all fiscal requirements in respect of the Agreement.

Agreement made in __________, this _______ day of _________, in 6 (six) original copies

The Licenser	**The Licensee**
______________________________	______________________________

2.2 Contrat de licence de progiciel

Entre les soussignés :

La société _______________, *[forme juridique]* au capital de _______________ USD, dont le siège social est ____________________, enregistrée au Registre du Commerce et des Sociétés de __________sous le numéro ____________, Représentée par M. ________________________ *[nom et qualité]*,

ci-après désignée « le Client »,

d'une part,

et

La société _______________, Société *[forme juridique]* au capital de _______________ USD, dont le siège social est ____________________, enregistrée au Registre du Commerce et des Sociétés de _____________ sous le numéro ___________, représentée par M. ________________________ *[nom et qualité]*,

ci-après dénommée « le Prestataire »,

d'autre part,

Il a été convenu ce qui suit :

Article premier – Préambule

Le Prestataire a remis au Client toute la documentation nécessaire à l'utilisation du progiciel objet des présentes. Toutefois, il appartient au Client de préciser ses besoins et de déterminer si les spécifications du progiciel sont conformes à ses attentes. Le Client déclare avoir le niveau de compétence nécessaire à la mise en œuvre du progiciel. Dès lors que le Client a examiné la documentation qui lui a été remise et a accepté les conditions ci-après définies, il assume la pleine responsabilité de l'écart entre ses besoins réels et les spécifications du progiciel commandé.

CONTRAT TYPE

CONTRAT TYPE

Toute utilisation du progiciel propriété de la société *[dénomination]* est soumise aux articles du présent contrat. Toute autre utilisation sera considérée comme frauduleuse.

Article 2 - Définitions

Les termes suivants ont la définition ci-après dans le contrat :

a) progiciel : voir annexe ______ ;

b)utilisation : voir annexe ______ ;

c) installation du logiciel : voir annexe ______ ;

d) état de marche : voir annexe ______ ;

e) ...

Article 3 - Objet

Par le présent contrat, le Prestataire accorde au Client une licence d'utilisation du progiciel. Le Prestataire concède un droit d'utilisation ni transférable ni exclusif du progiciel et des documentations. Le progiciel reste la propriété du Prestataire.

Article 4 - Étendue du droit d'utilisation

Le Prestataire concède au Client un droit personnel, non exclusif et non transférable d'utiliser le progiciel. Le Client ne peut effectuer ni directement ni indirectement la communication ou la cession du progiciel à une tierce personne, qu'elle soit à titre gratuit ou onéreux. Le Client s'interdit de dupliquer le progiciel à des fins autres que celles de sauvegarder et d'archiver l'exemplaire original telles que définies dans l'article « reproduction ». Le Client s'engage à utiliser le progiciel conformément aux spécifications visées dans le présent contrat et aux prescriptions contenues dans la documentation remise préalablement. Le Client s'engage à ne pas commercialiser le progiciel objet du contrat ou des produits susceptibles de le concurrencer. Par ailleurs, le Client s'interdit d'adapter, arranger, modifier ou fusionner, même partiellement le progiciel objet du contrat.

Article 5 - Durée du contrat

Ce contrat est passé pour une durée de trois ans. Il prendra effet, le ________ et arrivera à son terme le ________.

Ce contrat sera ensuite reconduit par tacite reconduction sauf si l'une des parties y met un terme à la fin de la période de trois ans, ou à la fin de n'importe quelle année supplémentaire, en donnant à l'autre partie un préavis de six mois par lettre recommandée avec accusé de réception.

Les signataires acceptent de se rencontrer 8 (huit) mois avant la fin des reconductions annuelles, afin d'établir d'un commun accord les quantités minima de produits à acheter pour chacune des années pour lesquelles ce contrat sera reconduit si c'est le cas.

Article 6 - Livraison du progiciel

Les produits commandés par le client seront livrés CAF, conformément aux Incoterms 1990. Toutefois, les risques de perte par le client seront supportés par le Prestataire jusqu'à l'arrivée de ces derniers au port de destination. A la livraison des produits commandés par le client au port de destination, le transfert des risques des produits commandés par le client seront supportés par le client.

Les Parties sont convenues que le produit sera livré, installé et en état de marche au plus tard le ____________.

Article 7 - Redevance

En contrepartie de l'utilisation du progiciel, le Client versera au Prestataire la somme forfaitaire de _________ USD, ventilée de la manière suivante :

- 20% à la signature des présentes ;
- 30% au (n) jour suivant la signature des présentes ;
- 50% constituant le solde, à la réception du logiciel, étant entendu que celui-ci sera installé et en état de marche.

Article 8 - Modalités de paiement

Payable par virement SWIFT, chèque de banque ou tout autre mode de paiement assurant le transfert des fonds sur le compte du Prestataire le jour même de l'ordre ou de la remise du moyen de paiement.

Article 9 - Test

Le Prestataire testera le système pendant une durée d'un mois.

Pendant cette période de test, le Client vérifiera si le logiciel est conforme à la documentation et à l'information reçues. Si le test n'est pas probant pendant cette période, l'accord sera résolu de plein droit, sans ouvrir droit à des dommages et intérêts pour le Prestataire.

Article 10 - Clause pénale

Le Prestataire devra payer au Client 5 000 (cinq mille) USD par jour de retard à titre de dommages et intérêts. La date prise en compte pour ledit retard est celle visée à l'Article 6.

Article 11 - Maintenance

Le présent contrat ne comporte pas de conditions de maintenance. Pour l'exécution de cette maintenance, un contrat de maintenance - distinct du présent contrat - pourra être conclu entre le Client et le Prestataire.

Article 12 - Formation

L'utilisation du progiciel, objet du contrat, suppose la formation du personnel du Client. Les modalités de cette formation sont décrites en annexe.

Article 13 - Confidentialité

Le Prestataire considérera comme strictement confidentiel, et s'interdit de divulguer, toute information, document, donnée ou concept, dont il pourra avoir connaissance à l'occasion du présent contrat. Pour l'application de la présente clause, le Prestataire répond de ses salariés comme de lui-même. Le Prestataire, toutefois, ne saurait être tenu pour responsable d'aucune divulgation si les éléments divulgués étaient dans le domaine public à la date de la divulgation, ou s'il en avait connaissance, ou les obtenait de tiers par des moyens légitimes.

Article 14 - Résiliation

En cas d'inobservation par une des parties de ses obligations nées du présent contrat, l'autre partie pourra mettre la partie défaillante en demeure de respecter ses obligations. Dans l'hypothèse où la lettre de mise en demeure reste infructueuse, le présent contrat sera présumé résilié de plein droit, dans les 3 (trois) jours suivant la réception de cette lettre, sous réserve de la mise en jeu de l'article « clause pénale ». Le présent contrat sera automatiquement résilié, sans mise en demeure, en cas de procédure de redressement ou de liquidation judiciaire, de faillite de l'une quelconque des parties. En cas de notification par l'une des parties de sa volonté de ne pas reconduire le présent contrat, conformément à l'article « durée du contrat », le Client s'engage à restituer au Prestataire l'ensemble des éléments constitutifs du progiciel qui lui a été remis lors de la conclusion du présent contrat. Le Client s'oblige également à détruire toute copie du progiciel en sa possession. Cette restitution devra intervenir dans les *[nombre]* jours/mois suivant la notification de résiliation. Le Client devra certifier, au moyen d'un document écrit dûment signé par un représentant légal, qu'il a cessé immédiatement toute utilisation du progiciel.

Article 15 - Intégralité du contrat. Non-validité partielle

Les présentes clauses et articles représentent l'intégralité du contrat. Aucun autre document ne pourra faire naître de nouvelles obligations au titre des présentes s'il n'est l'objet d'un avenant signé par les deux parties. Si l'une quelconque des stipulations du contrat est déclarée nulle au regard d'une règle de droit ou d'une décision judiciaire devenue définitive, elle sera réputée non-écrite. Toutefois, les autres dispositions du présent contrat garderont toute leur force et leur portée.

Article 16 - Nature des obligations

Pour l'accomplissement des diligences et prestations le Prestataire s'engage à donner ses meilleurs soins, conformément aux règles de l'art. La présente obligation, n'est de convention expresse, que pure obligation de moyens.

Article 17 - Force majeure

On entend par force majeure des événements de guerre déclarés ou non-déclarés, de grève générale de travail, de maladies épidémiques, de mise en quarantaine, d'incendie, de crues exceptionnelles, d'accidents ou d'autres événements indépendants de la volonté des deux parties. Aucune des deux parties ne sera tenue responsable du retard constaté en raison des événements de force majeure.

En cas de force majeure, constatée par l'une des parties, celle-ci doit en informer l'autre partie dans les meilleurs délais par écrit, télex. L'autre partie disposera de dix jours pour la constater.

Les délais prévus pour la livraison seront automatiquement décalés avec la durée de la force majeure.

Article 18 - Loi applicable. Texte original

Le contrat est régi par la loi du pays ou le Prestataire a son siège social. Le texte ______________ *[indication de la langue]* du présent contrat fait foi comme texte original.

Article 19 – Compétence

Il est fait attribution pour tous litiges éventuels aux tribunaux compétents du siège du Prestataire, celui-ci pourra cependant, lorsqu'il sera demandeur, porter le litige devant les tribunaux compétents du siège du Client.

Fait le _______ à _______________ en 6 (six) exemplaires.

Le Prestataire ________________________

Le Client ________________________

Software licensing Agreement

This contract made this __________ day of _________, by and between __________, *[name of company]* a Chinese enterprise legal person duly organized and registered under the laws of the People's Republic of China on behalf of _________, a Chinese entity duly organized and registered under the laws of the People's Republic of China (both of the foregoing Parties are hereinafter collectively referred to as "the Buyer", and _____________, a corporation organized and existing under the laws of __________ *[name of country]* hereinafter referred to as "the Seller" as follows:
Now therefore, in consideration of the premises and the mutual covenants contained herein, the Parties hereto agree as follows:

Article 1 - Preamble

The Seller has provided the Buyer with the necessary documentation in connection with the software.
Therefore, the Buyer shall precise and determine if the specifications of the said software confer with its expectations.
Over the years, the Seller has acquired and perfected expertise in the development of software.
Thereof, the Buyer has examined the documentation provided to it and accepts the terms and conditions hereafter. It shall be responsible for the gap between its real needs and the specifications of the said software.
Any use of said software, owned by _____ is bounded by the articles of the Agreement. Any other use shall be considered as fraudulent.

Article 2 - Definitions

The following terms shall have the following meanings in this Contract:
a) Software: see Appendix _____;
b) Use: see Appendix _____;
c)Installation: see Appendix _____;
d) Working order: see Appendix _____;
e) ...

Article 3 - Object

By this Agreement, the Seller grants to the Buyer a software licensing Agreement. The Seller grants to the Buyer a non-exclusive and non-transferable right to use the software and relevant documentation. The software shall remain the ownership of the Seller.

Article 4 - Use Right Span

The Seller grants to the Buyer a personal, non-exclusive and non-transferable right to use the said software. The Buyer shall not disclose any information communicated to it directly or indirectly and for five years thereafter, neither shall it sub-license the software to a third Party either free of charge nor with financial consideration.

The Buyer shall not duplicate the said software except for the sole purpose of saving and filing the original copy. The Buyer shall use appropriately the said software in accordance with the Agreement and its provisions and materials, documentation provided to Buyer. The Buyer shall not use, sell and commission the sale of the software or any products that may compete with it. Furthermore, the Buyer shall not adapt, nor modify or merge, even partially the said software.

Article 5 - Term

This Agreement is made for a term of three years. It shall take effect on ________ and will end on _________.

This contract will be extended by tacit Agreement from year to year at the end of the initial three (3) years period or at the end of any one of the one-year extension periods by giving six months notice to the other Party by registered letter, return receipt requested.

The Parties to the present Agreement agree to meet eight months prior to the expiration of the present contract, or as the case may be, eight months prior to the annual extensions, if any, in order to establish by mutual Agreement the minimum purchase requirements of the products to be applicable for each of the three years periods for which the present contract shall be extended, if any.

Article 6 - Delivery of the System

The items purchased by the Buyer shall be delivered C.I.F. in accordance with incoterms 1990. Therefore, the risk of loss for the items purchased by the Buyer shall be borne by the Seller until the items are delivered to the export carrier. After delivery of the items purchased by the Buyer to the export carrier, the title and risk of loss for the items purchased by the Buyer shall pass to the Buyer.

Article 7 - Royalty

In consideration for the license granted by the Seller hereunder, the Buyer shall pay the Seller a royalty of ____________USD (VAT included).
The Royalty shall be payable in the following manner:

- 20 % of the total price upon signature of the Agreement.
- 30 % of the total price _______ days thereafter signature of the Agreement.
- 50 % of the total price when the performance is being completed.

Article 8 - Payments

The Royalty mentioned above shall be payable by SWIFT bank transfer, Banker's cheque or any other means of payment that ensures the transfer of funds to the account of the Seller on the very day of the banking order or the remittance of the means of payment.

Article 9 - Testing of the System

The Seller shall provide a testing of the system during one month.
During the course of the testing the Buyer shall check the conformity of the said software with the documentation and materials provided to the Buyer. If the testing is not successful within this period, The Agreement shall be cancelled. This cancellation shall not give right to any indemnity to the Buyer.

Article 10 - Penalty

The Seller shall pay the Buyer liquidated damages at the rate of 5 000 euros per week of delay.

Article 11 - Maintenance

The Seller shall not offer to the Buyer a maintenance contract.
Therefore the seller shall offer to the Buyer the opportunity to enter into an extended maintenance contract with respect to the system.

Article 12 - Training

The use of the said software gives rights to an appropriate training to the Buyer's personal on site.

Article 13 - Confidentiality

The Buyer shall not disclose any information communicated to it by the Seller during the course of the Agreement and for the five years thereafter.

The Buyer shall ensure that its employees, suppliers and subcontractors comply with the above disclosure provision.

The provision does not apply to:

a) Information already known to Buyer, as been shown by written records, at the time when the Agreement was signed, and which was not disclosed by the Buyer.

b) Information already in the public domain. Or which becomes publicly available during the course of the Agreement otherwise than through the fault of the Seller.

c) Information disclosed to the Seller by a third Party not bound by a non disclosure Agreement with the Buyer.

Article 14 - Entire Agreement

The Agreement (including all exhibits attached hereto which herein incorporated by this reference) contains the entire Agreement between the Parties with respect to the subject matter hereof and supersedes all previous negotiations, Agreements arrangements and understanding with respect to the subject matter hereof.

Article 15 - Nature of Obligations

The Seller shall proceed with utmost diligence and care in carrying out all of the services specified as in these obligations in the contract.

Article 16 - Force Majeure

Performance of all or part of the contractual obligations incumbent on the Parties under the terms herein shall be deferred in the event of force majeure.

Force majeure means any event that the Parties could not expect or foresee, that is entirely beyond the control of the defaulting Party, and that prevents the obligations of the Agreement being performed as originally intended.

The Parties agree that the following in particular shall be considered cases of force majeure: war riots, fire, strike, inability to procure, and general transportation stoppage.

In the event of force majeure, as defined above, the invocating Party shall give notice to the other Party by registered letter with bill of receipt, or by telex or facsimile transmission within eight days of the event.

In the event of deferral, the term of the Agreement shall be extended accordingly.

CONTRAT TYPE

Article 17 - Cancellation

In the event the obligations of one of the Parties don't comply with the articles referred to hereunder, the contract shall be, if required by the creditor of the said obligations, cancelled, by giving notice of such termination to the debtor of the obligations within 1 (one) week. Such notice shall serve to discharge the Parties hereto from their mutual obligations and responsibilities under this Agreement with respect to such products.

Cancellation of the contract shall be effective 10 (ten) days within the creditor's inefficient notice.

Article 18 - Amendment

Neither the Agreement or any of its provisions may be amended, changed, modified or waived except in writing duly executed by the Party to be bound thereby.

Article 19 - Applicable Law and Authentic Text

The contract is governed by the law in force in the country where the Seller has its head office. The ________ *[language]* text of this contract is authentic.

Article 20 - Competence

The competent court of the place where the Seller has his registered office shall have jurisdiction in any action arising out of this contract. Provided always that if the Seller is the plaintiff, he may bring his action before the competent court of the place the Buyer has its registered office.

Agreement made in _______, this _______ day of ___________, in 6 (six) original copies.

The Seller	The Buyer
______________________________	______________________________

Chapitre 5

Les accords de joint venture

1 GÉNÉRALITÉS

Les associations d'entreprises, fréquemment appelées *joint ventures*, reposent sur la conclusion d'un contrat-cadre par lequel les deux partenaires s'accordent sur la réalisation d'un projet commun établissant les bases de leur coopération et s'accompagnent le plus souvent – mais pas nécessairement – de la création d'une société qui constituera le creuset de l'activité de deux partenaires.

Ces contrats doivent être juridiquement des contrats dans la mesure où ils contiennent des engagements sur des prestations déterminées ou déterminables. Toutefois, les parties ont souvent tendance à ne pas les considérer comme tels, car elles estiment que leur objet doit être flexible et sans cesse adaptable aux évolutions.

1.1 Obligation de coopérer

Le contrat de coopération prévoit généralement l'obligation de collaborer, en précisant même, souvent, que les entreprises le feront étroitement, de bonne foi et de façon confiante, ou, en d'autres termes, que chacune fera tout ce qui est en son pouvoir ou fera tous ses efforts (« best effort ») pour assurer la réussite du contrat.

1.2 Prestations dues

L'obligation de coopérer suppose que chaque partie :

- Fournisse à l'autre l'assistance nécessaire ;
- Respecte les intérêts de l'autre, en s'interdisant tout spécialement de la priver des avantages qu'elle attend du contrat ;
- Informe, consulte et conseille l'autre dès lors que la démarche est utile à la bonne exécution du contrat ;
- Se prête à toute négociation en vue d'adapter le contrat à l'évolution des circonstances.

Par ailleurs, les contrats de coopération prévoient habituellement qu'en cas de difficultés les parties devront négocier de nouvelles bases d'accord pour surmonter ces dernières.

1.3 Obligation de non-concurrence

Dans tous les contrats de coopération, chaque partenaire s'interdit de participer soit directement ou indirectement, à des travaux quelconques ressortissant à l'ouvrage défini au contrat ou en constituant une conséquence.

1.4 Obligation de secret

Les membres du consortium s'engagent à tenir secret le contrat lui-même, mais aussi tous les plans, documents, informations relatifs au marché, qu'ils seront appelés à se communiquer entre eux. La même obligation doit être mise à la charge des sous-traitants éventuels.

1.5 Obligation d'information réciproque

Chacun des prestataires doit faire connaître, en temps utile, à ses coparticipants toutes les informations qu'il détiendra, ainsi que tous les incidents ou difficultés de toute nature qu'il serait susceptible de rencontrer.

2 Mise en place d'un contrat de joint venture[1]

L'expérience montre que l'absence ou le manque de préparation d'un projet de joint venture, entraînera tôt ou tard des difficultés relationnelles entre les partenaires. Si ce n'est jamais l'aspect juridique d'une joint venture qui fait sa réussite, mais bien l'intérêt des partenaires à travailler ensemble, la bonne structuration de la joint venture au niveau juridique contribuera grandement à sa réussite.

2.1 Choix entre les différentes formes de sociétés commerciales

Le plus courant pour une joint venture est d'être structurée sous forme de société commerciale. Les deux formes de sociétés commerciales sont le plus fréquemment utilisées : il s'agit de la société par actions et de la société à responsabilité limitée .

2.2 Précautions

Avant la signature du contrat de joint-venture , nous conseillons à tout investisseur étranger de procéder à un certain nombre de vérifications. Les points suivants doivent notamment être étudiés :

- Si le partenaire étranger se joint à une société déjà existante, il convient de conduire un audit juridique complet de celle-ci afin de vérifier si cette société n'a pas d'antécédents défavorables (passif fiscal, dettes auprès du fisc ou des autorités douanières, régularité de la privatisation le cas échéant, propriété des actifs, etc.). Il est, de manière générale, déconseillé de prendre une participation dans

1. d'après une note d'Hugues de Pommerau, Coudert Frères, Paris, Novembre 2000.

une société préexistante, compte tenu des risques de passif non prévus, notamment en matière fiscale. Il convient de relever à ce titre qu'un audit, même poussé, ne permet pas facilement de s'assurer de la bonne gestion passée de la société ;

- En cas d'apports en nature de terrains et/ou de bâtiments et/ou de droits au bail au capital de la nouvelle société effectués par des associés, il convient de vérifier avec une attention très particulière les titres de propriété sur le terrain du propriétaire et/ou la régularité du contrat de bail pour l'utilisation des terrains et/ou des bâtiments et son enregistrement auprès des autorités compétentes. S'il s'agit de l'apport d'un bien dont une personne n'est pas propriétaire (un bail), il convient de demander l'accord express du propriétaire et de procéder à des vérifications particulières car toutes les formes de droits de jouissance ne peuvent faire l'objet d'apport en droit sur le territoire de l'une des parties ;
- Il convient de procéder à l'évaluation de la valeur réelle du terrain ou du droit de jouissance par un expert indépendant ;
- Il convient d'entreprendre une étude approfondie de la fiscalisation des flux financiers impliqués par le projet. Il s'agit notamment de vérifier la fiscalisation des paiements opérés au titre de contrats traditionnellement conclus entre la joint venture et ses partenaires (contrats d'ingénierie, de management, de licence de savoir-faire ou de marque, etc.).

2.3 Localisation

Les parties au projet étant de nationalités différentes, la question de la future nationalité de la joint venture doit raisonnablement être posée.

En effet, la joint venture peut être constituée aussi bien sur le territoire de l'une des parties qu'à l'étranger, et ceci, indépendamment du lieu de localisation de la société opérationnelle.

Une joint venture créée sur le territoire de l'une des parties aura pour principal avantage d'entraîner *a priori* moins de formalités, car le projet pourra nécessiter la création d'une seule société.

La constitution de la joint venture à l'étranger nécessitera quant à elle un montage juridique plus complexe. En effet, dans un tel cas, il faudra envisager la création d'une ou plusieurs sociétés opérationnelles dans le territoire de l'une des parties, outre la joint venture étrangère.

Les avantages d'une joint venture localisée à l'étranger sont toutefois très importants, car un tel schéma permet le cas échéant de soumettre les relations contractuelles et sociétaires des partenaires à un droit et une juridiction étrangers.

En outre, il peut également y avoir des avantages fiscaux à localiser une partie de l'activité de la joint venture à l'étranger. Il convient donc d'analyser l'ensemble des flux financiers générés par les relations commerciales entre les parties et la joint venture

Il convient bien entendu de s'assurer que la joint venture créée, tant sur le territoire de l'une des parties qu'à l'étranger, sera constituée sous une forme permettant la limitation de la responsabilité de ses actionnaires/associés.

Si la joint venture est localisée à l'étranger, il faut envisager la création d'une société opérationnelle sur le territoire de l'une des parties. Cette société serait en principe détenue à 100% par la joint venture étrangère et sa gestion sur le territoire de l'une des parties ne devrait pas poser de problèmes, toutes les décisions importantes devant être prises par la joint venture étrangère.

2.4 Financement du projet

Sans que cette énumération soit exhaustive, les points suivants devront être abordés par les partenaires à la joint venture lors de la négociation du « financement » du projet :

- Quel sera le montant initial du capital (montant suffisant pour ne pas avoir à faire appel à des structures de financement complexes dès le commencement de la vie de la joint venture, alors qu'elle ne dispose pas de revenus en propre)?
- Quelles seront les sources de financement de la joint venture (fonds propres, emprunt bancaire, compte courant d'associé, etc.), afin de vérifier la viabilité des schémas envisagés au regard des règles de contrôle des changes et de fiscalité su le territoire de l'une des parties ?
- Détermination de la banque ou des banques que la joint venture choisira pour tenir ses comptes et effectuer les opérations courantes, le nom de la banque étant de préférence précisé au contrat. Une banque occidentale pouvant bénéficier de l'entière confiance d'un investisseur étranger devrait être choisie ;
- Définir la politique de la joint venture en matière de répartition des profits : priorité accordée à la distribution des dividendes ou à l'investissement ?
- Quelles seront les conditions de re-capitalisation de la joint venture ? comment seront réparties les contributions complémentaires ?
- Quelle sera la politique d'investissements à moyen terme (préciser dans le pacte d'actionnaires le mode de financement du développement de la joint venture : financement à partir des bénéfices dégagés par les premiers exercices, financement extérieur ou re-capitalisation ?)

Il est très fréquent de voir les joint venture structurées de la manière suivante : la partie étrangère contribue au financement et l'autre partie apporte sa connaissance du marché local, un terrain, une usine ou un outil de production, quelquefois à rénover. Ceci pose souvent le problème de la valorisation des apports, et il n'est pas inhabituel de se trouver dans une situation où l'apport en capital de la société locale doit être quelque peu « surévalué » pour tenir compte de la répartition du pouvoir (et donc des droits de vote) convenue par les parties. Il est possible d'avoir recours, dans ce cas, à l'émission de plusieurs catégories d'actions (avec ou sans droits de vote, dividendes préférentiels, etc.).

2.5 Structure et gestion de la joint venture

Il est important que les partenaires puissent se mettre d'accord, non seulement sur les organes de gestion de la joint venture qui doivent être formés et le nombre de personnes les composant, mais également sur la répartition des sièges au sein des organes de direction.

Ainsi, il est important de trouver un accord sur les points suivants :

- L'organisation des structures de gestion (avec ou sans conseil d'administration, direction générale unipersonnelle ou collective, vote renforcé pour certaines décisions de l'assemblée générale, actions avec ou sans droits de vote, etc.) ;
- La composition du conseil d'administration, répartition des sièges, durée des mandats ;
- Les décisions qui doivent être prises par le conseil d'administration, les décisions pour lesquelles une majorité renforcée est requise, un éventuel pouvoir de veto d'une partie ;
- Qui assurera la direction générale (le représentant de quelle partie) ?
- Quels seront les pouvoirs de la direction générale ?
- Qui assurera la direction financière de la joint venture ?

la direction générale aura-t-elle des obligations particulières de reporting?

- Les organes de décision de la joint venture pourront-ils prendre des décisions par correspondance ?
- Qui sera le commissaire aux comptes de la société ? (Choisir de préférence un cabinet d'expertise comptable occidental).

2.6 Contrats à conclure

Outre le contrat de joint venture (avant sa constitution), les statuts de la joint venture et/ou des sociétés opérationnelles et éventuellement le pacte d'actionnaires, un certain nombre de contrats doivent généralement être prévus. La liste de ces contrats dépend bien sûr du projet en question, mais il peut être utile de mentionner les contrats suivants :

- Contrat de transfert du savoir-faire ;
- Contrat de gestion entre une ou plusieurs parties et la joint venture ;
- Contrats de vente entre la joint venture et les futurs clients (prévoir d'ores et déjà les principaux termes commerciaux non renégociables) ou contrats de distribution ;
- Contrats de licence pour l'utilisation du nom, du ou des brevets ou marques utilisés dans le cadre du projet ;
- Contrats de fourniture de matières premières ou de pièces détachées entre les partenaires et la joint venture;
- Contrats de travail avec le personnel de la joint venture (avantages particuliers pour certains employés ou cadres?);
- Contrat(s) entre la joint venture et la ou les sociétés opérationnelles et, pour les joint venture industrielles, contrats d'approvisionnement en électricité, eau, vapeur, etc., afin de s'assurer de l'indépendance de la joint venture pour son fonctionnement quotidien.

Il conviendra d'aborder le droit applicable à ces contrats, la juridiction compétente (arbitrage international?).

2.7 Rupture d'une joint venture

Il convient de prévoir une clause de rupture en cas de difficultés relationnelles ou commerciales entre les partenaires : soit une clause de survie de la joint venture (rachat de la participation d'un partenaire par l'autre par exemple), soit au contraire, la liquidation inconditionnelle en cas de départ d'un investisseur étranger. Il convient ainsi de définir ce qui adviendra du nom ou de la marque d'un investisseur étranger ou de toute autre marque utilisée dans le cadre du projet.

Par ailleurs, il est souhaitable de prévoir ce qui adviendra si une partie souhaite céder ses actions ou parts sociales à des tiers (droit de préemption, droit de premier refus). Les autres aspects ci-dessous doivent ainsi être examinés :

- Possibilité de prévoir des promesses de rachat des parts d'une partie par l'autre (unilatérales ou réciproques): comment et à quel coût ?
- Comment répartir le boni de liquidation ?
- Les parties entendent-elles prévoir des clauses de non-concurrence entre elles et la joint venture ?

CONTRAT TYPE

3 Contrat type

Accord de Coopération technique

Entre les soussignés :

La société _________________, *[forme juridique]* au capital de _______________ euros, dont le siège social est _____________ ______, enregistrée au Registre du Commerce et des Sociétés de ___________sous le numéro ______________, Représentée par M. ___________________________ *[nom et qualité],*

ci-après désignée « A »,

d'une part,

et

La société _________________, Société *[forme juridique]* au capital de _______________ euros, dont le siège social est _____________ ______, enregistrée au Registre du Commerce et des Sociétés de _______________ sous le numéro ____________, représentée par M. _________________________ *[nom et qualité],*

ci-après dénommée « B »,

d'autre part,

Il a été convenu ce qui suit :

Préambule

Le contrat trouve sa justification dans les faits et les informations ci-dessous exposés relatifs, tant au procédé utilisé, qu'à la renommée et au savoir-faire de la société __________.

Procédé

[nom de la société A] a mis au point un traitement pour les liquides, qui n'utilise pas de procédé externe ou chimique.

[nom du procédé] est un traitement pour les liquides en général. Sa première utilisation est d'empêcher la formation de dépôts dans les tuyaux et accessoires, et d'enlever les dépôts existants sans causer de corruption.
[Nom du procédé] est un catalyseur unique. Il change les propriétés magnétiques des minéraux dans le liquide de façon telle qu'ils sont repoussés les uns des autres, il en est de même, des parois des tuyaux et accessoires.
[Nom du procédé] augmente le champ magnétique de l'eau en mouvement et altère les particules minérales pour que la formation de tartre dur et les incrustations soit éliminée. Le tartre devient mou et se transforme en sédiments amorphes qui sont éliminés avec l'eau. Aux endroits où ces sédiments s'accumulent, ils sont facilement éliminés.
[Nom du procédé] n'utilise pas de procédé externe ou chimique. Il n'y a aucun changement dans l'eau, son pH, ou sa dureté, mais pourtant la dureté des minéraux est modifiée comme si l'eau avait été adoucie. Les cristaux formés ne font pas de tartre ni de dépôts, mais ils sont suspendus dans l'eau. La formation de dépôts est stoppée.

Réputation

« A » et sa marque ont acquis en particulier une renommée mondiale pour la qualité de leurs catalyseurs, réputation dont souhaite bénéficier la société « B ».

Savoir-faire

« A » a mis au point un savoir-faire consistant à l'élaboration de catalyseurs uniques qu'il a éprouvés depuis plusieurs années.
Ceci étant, A a exprimé son souhait de fabriquer et de vendre le système et produits, dans le territoire de B ci-dessus définis et de faire bénéficier la Société B de son savoir-faire.
En fait de quoi, les parties sont tombées d'accord sur ce qui suit :

Article premier - Définitions

a) Produits : Détaillés en annexe _____ ;
b) Territoire : la République Populaire de Chine ;
c) Acte constitutif de la société : détaillé en annexe ______.

Article 2 – Buts de l'accord

Il s'agit de consigner par écrit les points d'accord et conventions de A et B quant à la nature, à l'objet, et aux conditions fondamentales de leur opération conjointe et d'obtenir l'agrément nécessaire de leur opération conjointe par les administrations françaises et celle de la République Populaire de Chine.

Article 3 – Objet de l'entreprise

Le projet commun de A et de B est de fabriquer et de vendre en République Populaire de Chine, des cellules catalytiques et des manchons isolants fabriqués à partir du procédé et du savoir-faire acquis par A dans la fabrication de catalyseurs vendus sous la marque ________.

Article 4 – Constitution et organisation d'une entreprise commune

A et B, le plus tôt possible après la date d'entrée en vigueur du présent contrat, procéderont à la constitution d'une *Joint Venture* selon les lois et règlements applicables en République Populaire de Chine, conformément au plan d'exécution développé en annexe ____ ci jointe.

La nouvelle société, dénommée *[nom de la nouvelle société]* devra revêtir la forme d'une SARL au capital de *[somme en chiffres et en lettres]* USD. L'acte constitutif devra être conforme au formulaire ci-joint en annexe ____. Son siège social sera basé à ________.

A et B détiendront respectivement :

A : 52 %

B : 48%

des parts émises à leur valeur nominale.

Article 5 – Direction de l'entreprise commune

Elle sera assurée par le gérant.

Article 6 – Définition technique et étude de faisabilité du projet

Dès la signature du présent accord, A et B devront entreprendre en commun la définition complète et détaillée du projet à réaliser par l'entreprise commune ainsi qu'une étude de faisabilité ; ces deux études devront être réalisées dans un délai de ______ mois et soumises aux directions respectives de A et de B. En fait de quoi, elles prendront leurs décisions finales quant au capital engagé, aux frais d'exploitation, et aux prévisions des ventes. Chacune des parties supportera ses propres dépenses à cet égard.

Article 7 - Implantation des installations

L'usine de fabrication commune sera située à Hong Kong à l'adresse ci-après ________________________.

Le terrain nécessaire tout comme son extension prévisible sera fourni par B selon les conditions qui seront précisées. Le contrat de bail devra être signé dès la constitution de la société *[nom de la nouvelle société]* à titre d'accord complémentaire.

Article 8 - Clause de hardship (imprévisibilité)

Les parties reconnaissent que le présent accord ne constitue pas une base équitable et raisonnable de leur coopération.

Dans le cas où les données sur lesquelles est basé cet accord sont modifiées dans des proportions telles que l'une ou l'autre des parties rencontre des difficultés sérieuses et imprévisibles, elles se consulteront mutuellement et devront faire preuve de compréhension mutuelle en vue de faire les ajustements qui apparaîtraient nécessaires à la suite de circonstances qui n'étaient pas raisonnablement prévisibles à la date de conclusion du présent accord et ce, afin que renaissent les conditions d'un accord équitable.

La partie qui considère que les conditions énoncées au paragraphe ci-dessus sont remplies en avisera l'autre partie par lettre recommandée avec accusé de réception, en précisant la date et la nature du ou des événements à l'origine du changement allégué par elle en chiffrant le montant du préjudice financier actuel ou à venir et en faisant une proposition de dédommagement pour remédier à ce changement. Toute signification adressée plus de douze (12) jours après la survenance de l'événement par la partie à l'origine de la signification n'aura aucun effet.

Article 9 - Force majeure

On entend par force majeure des événements de guerre déclarés ou non-déclarés, de grève générale de travail, de maladies épidémiques, de mise en quarantaine, d'incendie, de crues exceptionnelles, d'accidents ou d'autres événements indépendants de la volonté des deux parties. Aucune des deux parties ne sera tenue responsable du retard constaté en raison des événements de force majeure.

En cas de force majeure, constatée par l'une des parties, celle-ci doit en informer l'autre dans les meilleurs délais par écrit, télex. L'autre partie disposera de dix jours pour la constater.

Les délais prévus pour la livraison seront automatiquement décalés en fonction de la durée de la force majeure.

CONTRAT TYPE

Article 10 - Clause résolutoire

En cas d'inexécution par l'une des parties des obligations visées aux articles ci-dessus, le contrat sera, si bon le semble au créancier des obligations inexécutées, résolu de plein droit sans préjudice des dommages-intérêts qui pourraient être réclamés à la partie responsable de l'inexécution.
La résolution prendra effet 30 (trente) jours après mise en demeure restée infructueuse.

Article 11 - Clause compromissoire

De convention expresse, tout litige pouvant survenir entre A et B, pour quelque cause que ce soit au sujet du présent contrat, sera tranché par arbitrage organisé par la Chambre de Commerce Internationale de Paris. Conformément à son règlement que les parties déclarent connaître et accepter. La sentence arbitrale sera finale et sans appel.

Article 12 - Loi applicable

Le présent contrat et ses conséquences sont régis par les lois chinoises.

Article 13 - Enregistrement

Les droits d'enregistrement sont à la charge de B.

Fait à ________, le ________________ , en 6 (six) exemplaires.

A ______________________________ B ______________________________

Technical Cooperation Agreement

Between

________, a limited liability company under the laws of France, registered office (France), represented by Mr. ________________________ in his capacity as Managing Director, hereinafter called, "A",

And

__________________, a limited liability company under the laws of ________________, registered office, __________________, represented by ______________ in his capacity as CEO, hereinafter called "B",

Recitals

This contract is based on the facts and information below concerning A's process, reputation and know-how.

Process

[Name of process] removes and prevents scale build up in water systems without chemicals or filters.

[Name of process] is a treatment for liquids in general. Its primary purpose is the prevention of the formation of mineral deposits (scale and encrustations) in pipes and fixtures, and the removal of existing deposits without causing corrosion.

[Name of process] does not add anything to nor take anything from the liquid.

[Name of process] is a very unique catalyst. It changes the magnetic properties of the minerals in the liquid in such a manner that they are repelled from each other and from the walls of pipes and fixtures. This prevents the formation of scales and removes those that exist.

[Name of process] does not require an external energy source, it is entirely self-contained.

[Name of process] treatment can be applied to systems that handle a trickle of flow or to a city's entire water system, and every system, and everything in between.

[Name of process] catalytic action simply prevents mineral deposits and removes those that exist without changing the chemical properties of the water.

CONTRAT TYPE

Reputation

A's and its trademarks in particular have acquired a worldwide renown for quality from which B's joint venture benefit.

Know-How

Over the years, A has acquired and perfected expertise in the development of *[name of process]*.

The above stated, B has expressed its wish to fabricate and sell the aforementioned systems and products, and has applied for a license to exploit the *[name of process]* and associated know-how.

Therefore, the Parties hereby agree as follows:

Article 1 - Definitions

a) Products: see appendix ____.

b) Territory: Popular Republic of China.

c) The articles of Incorporation: see appendix _____.

Article 2 - Purpose of the Agreement

The purpose of this Agreement are to record the understandings and Agreements of A and B as to the nature, the scope and the basic conditions of their joint venture and to provide the necessary approvals from the authorities of France and the Popular Republic of China.

Article 3 - Scope of the Project

The joint project of A and B is to manufacture and sell in the Republic of China, catalytic cells and *[name of process]* being made with the use of the process, technology and know-how developed by A in the manufacture of catalytics sold under the trade mark _________.

Article 4 - Formation and Organization of a Joint Venture Company

As promptly as practicable after effective date, A and B shall cause the incorporation of the joint venture company under the laws of the Republic of China, in accordance with the schedule set forth in Appendix ___ hereto.

The joint venture company shall be in the form a limited liability company and shall be named _______ China.

The Articles of incorporation of the joint venture company shall be in the form attached hereto as Appendix ____.

The joint venture Company's principal office shall be in ______.

A and B shall respectively hold directly or through affiliated companies or persons.
A: 52 %
B: 48%
of the issued capital stock of the joint venture company and agree to subscribe or cause to subscribe the issued shared at their *par value*.

Article 5 - Management of the Joint Venture

The management of the joint venture company shall be the responsibility of its managing director.

Article 6 -Technical Definition and Feasibility of the Project

Immediately upon execution of this Agreement, the Parties shall jointly undertake a comprehensive and detailed definition of the project to be realized by the joint venture company and a feasibility study of the same, both to be completed within ____ months after the execution of this Agreement.
The above technical definition and feasibility study shall be submitted to the respective managements of A and B which will decide as the realization of the project on the basis of the resulting conclusions relating to capital investment, operating costs and sales forecasts.
Each Party will bear its own related expenses.

Article 7 - Plant Location

The joint venture company-manufacturing unit shall be located in ________.
The ground necessary for the industrial activities of the joint venture company and their foreseeable expansion shall be provided by B on a long-term basis lease under terms and conditions as defined in a lease Agreement that shall be expected immediately upon of the joint venture company and annexed to this Agreement as implementation Agreement.

Article 8 – Hardship

The Parties are aware of the fact that this Agreement does not constitute a fair and equitable basis for their joint venture. In the event that during the period of this Agreement the general situation and/or the data on which this Agreement is based are substantially changed so that either Party suffers severe and unforeseeable hardship, they shall consult each other and show mutual understanding with a view to

CONTRAT TYPE

making such adjustment as would appear to be necessary and such revisions as would be justified by circumstances which could not reasonably be foreseen, as of the date on which this Agreement was entered into, in order to restore the equitable character of this Agreement.

The Party who considers that the condition set forth in the here above paragraph are met, shall give notice thereof to the other Party by registered letter, return receipt requested which will specify the date and nature of the events which caused the change alleged by it, an evaluation of the hardship which is or will be suffered and the proposal made by it to remedy that change. Any notice given more than 12 (twelve) months after the date of occurrence of the event that caused the change alleged by the Party giving the notice shall be of no effect.

Article 9 - Force Majeure

Performance of all or part of the contractual obligations incumbent on the Parties under the terms herein shall be deferred in the event of force majeure.

Force majeure means any event that the Parties could not be expected to foresee, that is entirely beyond the control of the defaulting Party, and that prevents the obligations of the Agreement being performed as originally intended.

The Parties agree that the following in particular shall be considered cases of force majeure: war riots, fire, strike, inability to procure, and general transportation stoppage.

In the event of force majeure, as defined above, the invocating Party shall give notice to the other Party by registered letter with bill of receipt, or by telex or facsimile transmission within eight days of the event.

In the event of deferral, the term of the Agreement shall be extended accordingly.

Article 10 - Cancellation

In the event the obligations of one of the Parties don't comply with the articles referred to hereunder, the contract shall be, if required by the creditor of the said obligations, cancelled, by giving notice to such termination to the debtor of the obligations within 1 (one) month. Such notice shall serve to discharge the Parties hereto from their mutual obligations and responsibilities under this Agreement with respect to such products. Cancellation of the contract shall be effective 30 (thirty) days within the creditor's inefficient notice.

Article 11 - Language

This Agreement exists in 6 (six) original copies, in English.
Any translation, particularly into Mandarin Chinese or French, shall be reputed for the sole needs of the Party responsible for requesting, performing or commissioning the translation.
In the event of a dispute, the English original shall prevail.

Article 12 - Governing Law

The Agreement should be governed by the laws of France.

Article 13 – Arbitration

All disputes arising out of or in connection with this Agreement shall be finally settled by arbitration under the ICC (International Chamber of Commerce) in Paris. The place of arbitration should be Paris.

Article 14 - Registration and Fiscal Charges

All charges, taxes and duties payables with respect to the Agreement above shall be borne, in each country, by the resident Party who undertakes to make prompt payment and comply with all fiscal requirements in respect of the Agreement.

Agreement made in Paris, this ________ day of __________, in 6 (six) original copies.

A	B
______________________________	______________________________

Chapitre 6

Le contrat de prestation de services

1 Généralités

Le contrat de prestation de services est le contrat par lequel sont réalisées les diverses prestations de services qui ne sont pas exécutées sous l'empire d'un contrat de travail. Ce type de contrat est utilisé dans les domaines les plus variés. Il est, par exemple, le contrat par lequel ont été convenues la construction d'un immeuble, la réalisation d'une étude, la fourniture d'opérations informatisées, la restauration collective d'entreprises.

1.1 Qualification

Le contrat est qualifié *de services* lorsqu'une partie offre à titre principal à son cocontractant un service défini avec précision et réalisé par elle-même ou son propre personnel qui reste placé sous sa direction et sous sa responsabilité.

1.2 Accomplissement d'une activité

- Le contrat doit avoir pour objet le déploiement d'une activité par une partie au profit de l'autre ;

- Cette activité constitue la prestation caractéristique du contrat d'entreprise dans les conditions suivantes :
  - la tâche a exécuter peut être matérielle, telle la fabrication, la réparation, la transformation d'une chose mobilière ou immobilière,
  - l'exécution de la tâche visée au contrat doit constituer l'objet du contrat.

1.3 Points sensibles

- Le contrat est conclu *intuitu personae* ;
- Il doit décrire les travaux à exécuter lorsque le prix est forfaitaire car les compléments de prix ne pourront être exigés que pour les travaux supplémentaires acceptés ;
- Le prestataire de services doit spécialement veiller en outre à conseiller le maître d'ouvrage dans la mesure de sa spécialité et à exécuter l'ouvrage de telle sorte que l'objectif recherche soit atteint ;
- Si l'ouvrage est exécuté par plusieurs prestataires de services, chacun d'eux doit éviter d'apparaître, aux yeux des tiers, comme un associé de fait des autres exécutants, sous peine d'être condamné au paiement solidaire des dettes de ces derniers.

2 Contrat type

Contrat de prestation de services

Entre les soussignés :

La société ________________, *[forme juridique]* au capital de ________________ USD, dont le siège social est ________________, enregistrée au Registre du Commerce et des Sociétés de ____________sous le numéro ____________, Représentée par M. ________________________ *[nom et qualité],*
ci-après désignée « Le Client »,

d'une part,

et

La société ________________, Société *[forme juridique]* au capital de ________________ USD, dont le siège social est ________________, enregistrée au Registre du Commerce et des Sociétés de ______________ sous le numéro ____________, représentée par M. ________________________ *[nom et qualité],*

ci-après dénommée « le Prestataire de services » ou « le Prestataire »,

d'autre part,
il a été convenu ce qui suit :

Préambule

[Rappeler ici, en quelques lignes, les raisons qui motivent l'accord intervenu. Ceci peut être utile ultérieurement pour l'interprétation du contrat.]
Ceci exposé,
Il a été convenu ce qui suit :

Article premier - Objet

Le présent contrat est un contrat de prestation de conseil ayant pour objet la mission définie au cahier des charges annexé au présent contrat et en faisant partie intégrante.

En contrepartie de la réalisation des prestations définies à l'Article premier ci-dessus, le client versera au prestataire la somme forfaitaire de ______________ euros, ventilée de la manière suivante:

20% à la signature des présentes ;

30% au (n) jour suivant la signature des présentes ;

50% constituant le solde, à la réception de la tâche.

Les frais engagés par le prestataire : déplacement, hébergement, repas et frais annexes de dactylographie, reprographie, etc., nécessaires à l'exécution de la prestation, seront facturés en sus au client sur relevé de dépenses.

Les sommes prévues ci-dessus seront payées par chèque, dans les huit jours de la réception de la facture, droits et taxes en sus.

Article 3 – Durée

Ce contrat est passé pour une durée de _________ ans. Il prendra effet le ________ et arrivera à son terme le ___________.

Article 4 - Exécution de la prestation

Le prestataire s'engage à mener à bien la tâche précisée à l'Article premier, conformément aux règles de l'art et de la meilleure manière.

A cet effet, il constituera l'équipe nécessaire à la réalisation de la mission et remettra, avant le rapport terminal, une pré-étude, au plus tard le __________.

4.1 Obligation de collaborer

Le Client tiendra à la disposition du Prestataire toutes les informations pouvant contribuer à la bonne réalisation de l'objet du présent contrat. A cette fin, le Client désigne deux interlocuteurs privilégiés (MM. ____________________), pour assurer le dialogue dans les diverses étapes de la mission contractée.

4.2 (Clause facultative : Obligation du Client. Libre accès aux informations)

Le Prestataire pourra avoir un accès libre à certaines catégories d'informations. (Voir clause 4.1 précédente.)

4.3 (Clause facultative : Obligation de réception)

A la date du _________________, le Prestataire devra remettre un pré-rapport soumis à la validation expresse du Client, pour que la phase suivante de la mission puisse recevoir exécution.

Article 5 – Calendrier. Délais

La phase 1 définie au cahier des charges annexé aux présentes devra être achevée au plus tard le ____________.

La phase 2, assortie de la remise du pré-rapport devra être achevée au plus tard, le ______________ .

La phase 3 et le rapport terminal devront être délivrés au plus tard le ______.

Article 6 - Nature des obligations

Pour l'accomplissement des diligences et prestations prévues à l'Article premier ci-dessus, le Prestataire s'engage à donner ses meilleurs soins, conformément aux règles de l'art. La présente obligation, n'est, de convention expresse, que pure obligation de moyens.

6.1 (Clause facultative)

La responsabilité du Prestataire n'est pas engagée dans la mesure où le préjudice que subirait le Client n'est pas causé par une faute intentionnelle ou lourde des employés du Prestataire.

Article 7 - Assurance qualité

Le prestataire de services s'engage à maintenir un programme d'assurance qualité pour les services désignés ci-après conformément aux règles d'assurance qualité.

Article 8 - Obligation de confidentialité

Le prestataire considérera comme strictement confidentiel, et s'interdit de divulguer, toute information, document, donnée ou concept, dont il pourra avoir connaissance à l'occasion du présent contrat. Pour l'application de la présente clause, le prestataire répond de ses salariés comme de lui-même. Le prestataire, toutefois, ne saurait être tenu pour responsable d'aucune divulgation si les éléments divulgués étaient dans le domaine public à la date de la divulgation, ou s'il en avait déjà connaissance antérieurement à la date de signature du présent contrat, ou s'il les obtenait de tiers par des moyens légitimes.

Article 9 - Propriété des résultats

De convention expresse, les résultats de l'étude seront en la pleine maîtrise du Client, à compter du paiement intégral de la prestation et le Client pourra en disposer comme il l'entend.

Le Prestataire, pour sa part, s'interdit de faire état des résultats dont il s'agit et de les utiliser de quelque manière, sauf à obtenir préalablement l'autorisation écrite du client.

Article 10 - Pénalités

Toute méconnaissance des délais stipulés à l'article 5 ci-dessus, engendrera l'obligation pour le Prestataire de payer au client la somme de ____________ euros, par jour de retard.

Article 11 - Résiliation. Sanction

Tout manquement de l'une ou l'autre des parties aux obligations qu'elle a en charge, aux termes des articles (...), (...), ci-dessus, entraînera, si bon semble au créancier de l'obligation inexécutée, la résiliation de plein droit au présent contrat, quinze jours après mise en demeure d'exécuter par lettre recommandée avec accusé de réception demeurée sans effet, sans préjudice de tous dommages et intérêts.

Article 12 - Sous-traitance

Les tâches précisées à l'Article premier ne seront pour ce qui concerne les phases 1, 2 et 3, non prises en charge par le Prestataire, mais seront exécutées par la société ____________, en sous-traitance, ce que reconnaît et accepte le Client.
Le prestataire s'interdit de sous-traiter à quiconque la réalisation des travaux définis à l'Article 1.

Article 13 - Clause de hardship

Les parties reconnaissent que le présent accord ne constitue pas une base équitable et raisonnable de leur coopération.
Dans le cas où les données sur lesquelles est basé cet accord sont modifiées dans des proportions telles que l'une ou l'autre des parties rencontre des difficultés sérieuses et imprévisibles, elles se consulteront mutuellement et devront faire preuve de compréhension mutuelle en vue de faire les ajustements qui apparaîtraient nécessaires à la suite de circonstances qui n'étaient pas raisonnablement prévisibles à la date de conclusion du présent accord et ce, afin que renaissent les conditions d'un accord équitable.
La partie qui considère que les conditions énoncées au paragraphe ci-dessus sont remplies en avisera l'autre partie par lettre recommandée avec accusé de réception, en précisant la date et la nature du ou des événements à l'origine du changement allégué par elle en chiffrant le

montant du préjudice financier actuel ou à venir et en faisant une proposition de dédommagement pour remédier à ce changement. Toute signification adressée plus de douze (12) jours après la survenance de l'événement par la partie à l'origine de la signification n'aura aucun effet.

Article 14 - Force majeure

On entend par force majeure des événements de guerre déclarés ou non déclarés, de grève générale de travail, de maladies épidémiques, de mise en quarantaine, d'incendie, de crues exceptionnelles, d'accidents ou d'autres événements indépendants de la volonté des deux parties. Aucune des deux parties ne sera tenue responsable du retard constaté en raison des événements de force majeure.

En cas de force majeure, constatée par l'une des parties, celle-ci doit en informer l'autre partie par écrit dans les meilleurs délais par écrit, télex. L'autre partie disposera de dix jours pour la constater.

Les délais prévus pour la livraison seront automatiquement décalés en fonction de la durée de la force majeure.

Article 15 - Loi applicable. Texte original

Le contrat est régi par la loi du pays où le fabricant a son siège social. Le texte ______ *[indication de la langue]* du présent contrat fait foi comme texte original.

Article 16 - Compétence

Toutes contestations qui découlent du présent contrat ou qui s'y rapportent seront tranchées définitivement suivant le règlement de Conciliation et d'Arbitrage de la Chambre de Commerce Internationale sans aucun recours aux tribunaux ordinaires par un ou plusieurs arbitres nommés conformément à ce règlement et dont la sentence a un caractère obligatoire. Le tribunal arbitral sera juge de sa propre compétence et de la validité de la convention d'arbitrage.

Fait le ________ à ____________________ en 6 (six) exemplaires.

Le Prestataire ____________________

Le Client ____________________

Expertise Service Provider Agreement

Between

_________, a limited liability company under the laws of France, registered office (France), represented by Mr. ___________________________ in his capacity as Managing Director, hereinafter called, "Service Provider",

And

_____________________, a limited liability company under the laws of __________________, registered office in ____________________, represented by Mr. ___________________ in his capacity as ________ hereinafter called "the Customer",

Preamble

Whereas ________;

Whereas _________;

Whereas _________.

Therefore, the Parties hereby agree as follows:

Article 1 - Object

This contract is an expertise service provider Agreement.
The purpose of the mission is schedule set forth in Appendix 1 hereto.

Article 2 - Price

In return for the service performed defined in article 1 here above, the Customer shall pay to the service provider the fixed price of ______________ euros.

The price shall be payable in the following manner:

a) 20 % of the total price upon signature of the Agreement.

b) 30 % of the total price 30 days thereafter signature of the Agreement.

c) 50 % of the total price upon when the performance is being completed.

All expenses committed by the Service Provider: food, lodging, and stationery necessary for the completion of the mission shall be reimbursed by the customer provided a receipt is submitted.

The above sums shall be payable by cheque within 8 (eight) days upon reception of the invoice, Tax and rights shall be added.

Article 3 - Term

The Agreement shall run for a term of 5 (five) years full and consecutive years from _______________.

To perform the mission mentioned here above, the Service Provider shall refer to Article 5.

Article 4 - Obligations

The Service Provider shall proceed with utmost diligence and care in carrying out all of the services specified in article 1.

To this effect it shall manage the necessary team to perform the mission and shall submit before the final report, a feasibility study not than ______ *[date].*

4.1 Obligation To Contribute

The Client shall provide the Service Provider with any information necessary for the performance of the said Agreement. To this extent, the Client shall nominate Mr._____________ and Mr. ________________ as referee for the various phases of the mission defined here above.

4.2 (Optional Clause: Access to Information)

The Client shall make sure that the Service provider shall be granted a free access to information in connection with the mission defined here above. (See clause 4.1.)

4.3 Obligation of Delivery

As of _____________ *[date],* the Service Provider shall provide the Client with a preliminary report. This latter shall be validated by the Client, so that the mission defined here above shall be executed.

Article 5 - Performance Calendar

a) Phase 1 defined hereunder in the specifications annexed shall be achieved on the ______ at the latest.

b) Phase 2: a feasibility study shall be completed on the _______ at the latest.

c) Phase 3: the final report shall be submitted on the________ at the latest.

Article 6 - Nature of Obligations

The Service Provider shall, commencing within 7 (seven) days of the effective date of the contract, proceed with utmost diligence and care in carrying out all of the services specified as in the obligations of the contract.

6.1 (Optional Clause)

The Service Provider is only liable to the Client for the consequences of errors and omissions arising from gross negligence on his part or on the part of his employees to the extent and with the limitations referred to hereunder...

Article 7 - Quality Assurance

The Service Provider agrees to maintain a quality assurance program for services supplied hereunder in accordance with the requirements of the current revision of supplier quality assurance requirement document.

Article 8 - Confidentiality

The Service Provider shall not disclose any information communicated to it by the customer during the course of the Agreement and for the five years thereafter.

The service Provider shall ensure that its employees, suppliers and subcontractors comply with the above disclosure provision.

The provision does not apply to:

- Information already known to it, as been shown by written records, at the time of the Agreement was signed, and which was not disclosed by the customer.
- Information already in the public domain. Or which becomes publicly available during the course of the Agreement otherwise than through the fault of the Service Provider.
- Information disclosed to the Service Provider by a third Party not bound by a non disclosure Agreement with the customer.

Article 9 - Ownership of Documents

All materials and documents prepared or developed by Supplier or its employees, representatives or subcontractors in connection with the work including all designs, data, drawings, plan specifications, calcula-

tions, report models and samples shall become the property of the Customer, and may not be used for any purpose other than the work without the Customer's prior written approval.
The Customer reserves the right to use materials and documents for the purpose of erection, maintenance, repair, extension or modification of the plant.
The Supplier agrees to return to Customer upon request all documents and data furnished by Customer for the performance of the contract and shall not retain or duplicate copies thereof, without Customer's knowledge and approval.

Article 10 - Penalty

The Service Provider shall pay the Customer liquidated damages at the rate of 30 000 (thirty thousand) euros per week of delay.

Article 11 - Cancellation

In the event the obligations of one of the Parties don't comply with the articles referred to hereunder, the contract shall be, if required by the creditor of the said obligations, cancelled, by giving notice to such termination to the debtor of the obligations within 1 (one) month. Such notice shall serve to discharge the Parties hereto from their mutual obligations and responsibilities under this Agreement with respect to such products. Cancellation of the contract shall be effective 30 (thirty) days within the creditor's inefficient notice.

Article 12 - Subcontracting

A) The Service Provider may sub-contract Phase 1 of the performance of the purchase order to subcontractors, provided that the Service Provider shall be fully responsible for the works of its subcontractors as the works of the supplier itself.
B) The Service Provider shall not sub-contract to anybody the performance of the works defined in Article 1.

Article 13 - Hardship

The Parties are aware of the fact that this Agreement does not constitute a fair and equitable basis for their joint venture.
In the event that during the period of this Agreement the general situation and/or the data on which this Agreement is based are substantially changed so that either Party suffers severe and unforeseeable hardship, they shall consult each other and show mutual understanding with a

CONTRAT TYPE

view to making such adjustment as would appear to be necessary and such revisions as would be justified by circumstances which could not reasonably be foreseen, as of the date on which this Agreement was entered into, in order to restore the equitable character of this Agreement.

The Party which considers that the condition set forth in the here above paragraph are met, shall give notice thereof to the other Party by registered letter, return receipt requested which will specify the date and nature of the events which caused the change alleged by it, an evaluation of the hardship which is or will be suffered and the proposal made by it to remedy that change. Any notice given more than twelve months after the date of occurrence of the event that caused the change alleged by the Party giving the notice shall be of no effect.

Article 14 - Force Majeure

Performance of all or part of the contractual obligations incumbent on the Parties under the terms herein shall be deferred in the event of force majeure.

Force majeure means any event that the Parties could not be expected to foresee, that is entirely beyond the control of the defaulting Party, and that prevents the obligations of the Agreement from being performed as originally intended.

The Parties agree that the following in particular shall be considered cases of force majeure: war riots, fire, strike, inability to procure, and general transportation stoppage.

In the event of force majeure, as defined above, the invocating Party shall give notice to the other Party by registered letter with bill of receipt, or by telex or facsimile transmission within eight days of the event.

In the event of deferral, the term of the Agreement shall be extended accordingly.

Article 15 - Amendment

Neither the Agreement or any of its provisions may be amended, changed, modified or waived except in writing duly executed by the Party to be bound thereby.

Article 16 - Applicable Law and Authentic Text

The contract is governed by the law in force in the country where the Service Provider has its head office. The *[language]* text of this contract is authentic.

Article 17 - Competence

Any dispute arising out or in connection with this Agreement shall be settled without recourse to the courts, in accordance with the Rules of Conciliation and Arbitration of the International Chamber of Commerce in Paris, by one or more arbitrators designed in conformity with those Rules, the awards being final and binding. The arbitrator or arbitrators shall have power to rule on their own competence and on the validity of the Agreement to submit to arbitration.

Agreement made in Paris, this _______ day of _________, in 6 (six) original copies.

The Service Provider	The Customer
____________________________	____________________________

Chapitre 7

Conception et maintenance de sites web

1 Généralités

- **Le contrat de conception et réalisation d'un site** web est le contrat par lequel un concepteur, spécialiste de la création, du développement et de la création de site, crée un site Internet selon les conditions définies par son client moyennant rémunération.
- **Le contrat de maintenance d'un site** est celui par lequel un prestataire s'engage envers un client propriétaire d'un site Internet à lui fournir un service d'entretien pour un site moyennant une redevance. Le service comprend un dépannage sur appel et un dépannage sur intervention sur site.
- Le contrat type proposé ci-après regroupe, en un document unique, les deux notions définies ci-dessus.

CONTRAT TYPE

2 CONTRAT TYPE

Contrat de conception et de maintenance de site web

Entre les soussignés :

La société ________________, *[forme juridique]* au capital de ________________ USD, dont le siège social est à ____________ ______, enregistrée au Registre du Commerce et des Sociétés de ___________sous le numéro _____________, Représentée par M. _________________________ *[nom et qualité],*

ci-après désignée « le Client »,

d'une part,

et

La société ________________, Société *[forme juridique]* au capital de ________________ USD, dont le siège social est à ____________ ______, enregistrée au Registre du Commerce et des Sociétés de ______________ sous le numéro ___________, représentée par M. ________________________ *[nom et qualité],*

ci-après dénommée « le » ou « les Concepteurs »,

d'autre part,

Il a été convenu ce qui suit :

Préambule

Attendu que le Concepteur dispose d'une grande expérience dans la réalisation et la maintenance de sites web pour des tiers;
Attendu que le Client souhaite voir réaliser un site web pour son usage personnel, et que le Concepteur souhaite réaliser ce travail ;
Attendu, que le Client fait appel à une autre compagnie pour héberger ledit site ;
En fait de quoi, les parties sont tombées d'accord sur ce qui suit :

Article premier – Définitions

1.1 BÊTA VERSION signifie une version du site web enregistrée prête à l'emploi sur ce moyen de communication accompagnée de logiciels et des bases de données, qui a été vérifiée par le Concepteur avant la mise à disposition dudit site. Le Concepteur considérant de bonne foi cette version sans « bug » et conforme aux dispositions figurant en annexe ;

1.2 FOURNITURE CLIENT signifie les éléments fournis par le Client devant être incorporés dans le site web, détaillés en l'annexe « C » ;

1.3 PROGRAMME DE CONCEPTION : il sera détaillé dans l'annexe « B » du présent accord qui énumère les éléments utiles à la conception du site web ainsi que la date limite de sa mise à disposition. « Modalités de paiement » détaillées dans l'annexe « B ».

1.4 OUTILS CONCEPTEUR signifie les outils du logiciel d'application générale qui sont utilisés pour la réalisation du site web et que le concepteur détient, soit en tant que propriétaire, soit par licence ;

1.5 DOCUMENTATION signifie la documentation du progiciel réalisée par le Concepteur spécialement pour le site web et tout autre élément utile à la réalisation du site web. Les éléments source font partie de la documentation ;

1.6 PERFECTIONNEMENT signifie tout perfectionnement apporté au site web, toute nouvelle caractéristique ou tout ajout de nouveaux éléments. Perfectionnement inclura les modifications en termes de contenu du site web pour le faire fonctionner dans un Server System d'un nouveau ISP (Voir 1.9) ;

1.7 ERREUR signifie tout disfonctionnement du site web par rapport aux spécifications du système ;

1.8 VERSION FINALE signifie une version originale protégée de la version finale du site web, enregistrée prête à l'emploi sur ce moyen de communication accompagnée de logiciels et des bases de données et des corrections apportées à la Bêta Version.

1.9 ISP (Internet Service Provider) signifie un prestataire de services Internet qui héberge le site web sur le World Wide Web. L'ISP est susceptible de changer de temps en temps ;

1.10 SPÉCIFICATIONS DU WEB SITE : se référer à l'annexe « A » du présent contrat.

CONTRATYPE

1.11 INFORMATION SOURCE signifie :

a) toute documentation, note, assistance à la réalisation, documentation technique et tout autre document apporté au concepteur par le Client, utile à la réalisation du site web,

b) tout code source, documentation, notes et tout autre élément produit ou créé par le concepteur pendant la réalisation du site web ;

1.12 SERVEUR signifie le disque dur et le logiciel appartenant ou sous licence ISP ;

1.13 CONTENU DU SITE WEB signifie l'utilisation graphique interface, le texte, images, musiques et tout autre élément du site web réalisé par le concepteur au terme de ce contrat qui est visible dans le browser World Wide Web et dans le logiciel (notamment les scripts CGI et PERL-SCRIPTS) réalisé par le concepteur selon les dispositions du présent contrat.

Le contenu du site web ne contiendra pas les « outils concepteur ».

1.14 SITE WEB signifie le site à réaliser pour le Client sur la partie graphique d'Internet connue sous le nom de World Wide Web décrit dans Spécifications.

Article 2 - Conception et mise à disposition des éléments de conception du site web

2.1 CONCEPTION : Rapport d'avancement. Le Concepteur utilisera les règles de l'art pour développer les éléments de conception conformément aux Spécifications. Le concepteur préparera tout d'abord un graphisme pour le site web. Ce graphisme comprendra des dessins pour l'utilisation interface, un schéma de navigation du site web, une arborescence des hyper liens et des autres composants. La conception du site web sera assurée par le concepteur ou ses employés chez le concepteur lui-même ou ses sous-traitants ayant la confiance du client. Le Concepteur accepte par là même que toute réalisation pour l'un quelconque des sous-traitants nécessite au préalable l'accord du Client.

La semaine suivant la réalisation des travaux, et/ou si le test n'est pas probant ou quelle que soit la demande raisonnable du Client, le Concepteur s'adressera au mandataire du client et lui fera part de l'avancement des travaux et de tout disfonctionnement relatif à la réalisation et au test du site web. Dans cette perspective, le Concepteur voudra bien conseiller précisément le client sur les recommandations et changements à opérer sur les tâches restant à exécuter conformément aux règles de l'art et l'expérience du Concepteur.

De plus, le Concepteur alertera ponctuellement le mandataire du client par téléphone quant à la survenance de disfonctionnements ou de tout élément qui retarderait la réalisation du site web, ceci, devant être confirmé par écrit.

2.2 LIVRAISON. Le Concepteur livrera les éléments de conception d'un site web dans les délais spécifiés dans le programme de conception conformément aux Spécifications.

2.3 NATURE DE L'OBLIGATION. Le Concepteur accepte de répondre à toute demande raisonnable du Client quant à la mise à disposition des éléments de conception, le cas échéant via internet.

2.4 MISE À DISPOSITION DES INFORMATIONS SOURCE. A la demande du Client, et en tout état de cause avant la mise à disposition de la version finale, le concepteur mettra à la disposition du client les informations source.

Article 3 - Test et validation. Effets du refus

3.1 TEST ET PROCÉDURE DE VALIDATION. Tout élément utile à la conception aura fait l'objet d'une vérification par le concepteur. De même toutes les corrections nécessaires induites par cette vérification, devront être opérées avant la mise à disposition du client ;

A la réception des éléments de la conception, le Client bénéficiera de ____ jours destinés à tester les éléments (« période de validation ») et notifiera par écrit de son acceptation ou de son refus pour non-conformité.

Si le Client n'a pas envoyé de notification de refus pendant la période de validation, les éléments de conceptions sont réputés validés par le Client. La mise à disposition et la remise des éléments de réalisation sont réputées complètes dès l'instant ou le Client a reçu toute la documentation nécessaire à l'utilisation et à la modification des éléments utiles à la réception. Si le Client accepte ces éléments, le paiement du solde sera dû (voir annexe « B »).

3.2 CORRECTION. Si le Client le demande, le Concepteur peut corriger les erreurs liées aux éléments de conception.

Le Concepteur s'engage à livrer ____ jours après la période de validation, ou plus tard, si le Client l'accorde, une version corrigée et sans frais supplémentaires. Dès réception de la version corrigée, le Client se verra octroyer un délai supplémentaire pour vérifier cette version. Il pourra soit (a) l'accepter (en payant le solde décrit dans l'annexe "B"); ou à défaut (b) demander au concepteur d'opérer une nouvelle correction pour qu'elle soit conforme aux spécifications et par là même se conformer aux dispositions décrites dans le paragraphe 3.2.

Dans le cas où le Client estime, en son for intérieur, que la version n'est pas exempte d'erreur, il peut demander la résolution du contrat.

Article 4 - Autres obligations du concepteur

4.1 GARANTIE LIÉE AU SITE WEB. Le Concepteur s'engage et garantit que le site web (1) sera de grande qualité, sans défaut quant aux éléments de conception et quant à la main-d'œuvre utilisée et (2) conforme au fonctionnement et aux descriptions contenues dans les spécifications ;

Pendant un an après la date de validation de la version finale remise au Client (« Période de garantie »), le Concepteur s'engage à régler à ses propres frais tout élément d'erreur ;

4.2 SUPPORT DU SITE WEB. Le Concepteur s'engage aussi à apporter au Client tout soutien technique décrit en annexe « D » en vue de l'entretien et de la mise à jour du site web dans le cadre du World Wide Web pendant la période de garantie sans frais pour le Client. Un tel service ne devrait pas dépasser _____ heures par mois calendaire.

Article 5 - Durée du contrat

Ce contrat est passé pour une durée de trois ans. Il prendra effet le __________ et arrivera à son terme le __________.

Ce contrat sera ensuite reconduit par tacite reconduction sauf si l'une des parties y met un terme à la fin de la période de trois ans, ou à la fin de n'importe quelle année supplémentaire, en donnant à l'autre partie un préavis de six mois par lettre recommandée avec accusé de réception.

Les signataires acceptent de se rencontrer 8 (huit) mois avant la fin des reconductions annuelles, afin d'établir d'un commun accord les quantités minima de produits à acheter pour chacune des années pour lesquelles ce contrat sera reconduit si c'est le cas.

Article 6 – Prix

En contrepartie du service rendu, le Client versera au concepteur la somme forfaitaire de ____________ USD, ventilée de la manière suivante :

20% à la signature des présentes ;

30% au (n) jour suivant la signature des présentes ;

50% constituant le solde, à la réception de la tâche.

Article 7 - Modalités de paiement

Les sommes dues sont payables par virement SWIFT, chèque de banque ou tout autre mode de paiement assurant le transfert des fonds sur le compte du Concepteur le jour même de l'ordre ou de la remise du moyen de paiement.

Article 8 - Clause pénale

Le Client devra payer au Concepteur 5000 (cinq mille) USD par jour de retard à titre de dommages et intérêts.

Article 9 - Résiliation

En cas d'inobservation par l'une des parties des obligations nées du présent contrat, l'autre partie pourra mettre cette dernière en demeure de respecter ses obligations. Dans l'hypothèse où la lettre de mise en demeure reste infructueuse, le présent contrat sera présumé résilié de plein droit, dans les 3 (trois) jours suivant la réception de cette lettre, sous réserve de la mise en jeu de l'article « clause pénale ».
Le présent contrat sera automatiquement résilié, sans mise en demeure, en cas de procédure de redressement ou de liquidation judiciaire, de faillite de l'une quelconque des parties.
En cas de notification par l'une des parties de sa volonté de ne pas reconduire le présent contrat, conformément à l'article « Durée du contrat », le Client s'engage à restituer au Concepteur l'ensemble des éléments constitutifs du progiciel qui lui a été remis lors de la conclusion du présent contrat. Le Client s'oblige également à détruire toute copie du progiciel en sa possession. Cette restitution devra intervenir dans les *[nombre]* jours/mois suivant la notification de résiliation. Le Client devra certifier, au moyen d'un document écrit dûment signé par un représentant légal, qu'il a cessé immédiatement toute utilisation du progiciel.

Article 10 - Intégralité du contrat. Non-validité partielle

Les présentes clauses et articles représentent l'intégralité du contrat. Aucun autre document ne pourra faire naître de nouvelles obligations au titre des présentes s'il n'est l'objet d'un avenant signé par les deux parties. Si l'une quelconque des stipulations du contrat est déclarée nulle au regard d'une règle de droit ou d'une décision judiciaire devenue définitive, elle sera réputée non-écrite. Toutefois, les autres dispositions du présent contrat garderont toute leur force et leur portée.

Article 11 - Nature des obligations

Pour l'accomplissement des diligences et prestations le vendeur s'engage à donner ses meilleurs soins, conformément aux règles de l'art. La présente obligation, n'est, de convention expresse, que pure obligation de moyens.

Article 12 - Force majeure

On entend par force majeure des événements de guerre déclarés ou non-déclarés, de grève générale de travail, de maladies épidémiques, de mise en quarantaine, d'incendie, de crues exceptionnelles, d'accidents ou d'autres événements indépendants de la volonté des deux parties. Aucune des deux parties ne sera tenue responsable du retard constaté en raison des événements de force majeure.

En cas de force majeure, constatée par l'une des parties, celle-ci doit en informer l'autre partie dans les meilleurs délais par écrit, télex. L'autre partie disposera de dix jours pour la constater.

Les délais prévus pour la livraison seront automatiquement décalés en fonction de la durée de la force majeure.

Article 13 - Loi applicable. Texte original

Le contrat est régi par la loi du pays où le Concepteur a son siège social. Le texte ______ *[indication de la langue]* du présent contrat fait foi comme texte original.

Article 14 - Compétence

Toutes contestations qui découlent du présent contrat ou qui s'y rapporte seront tranchées définitivement suivant le règlement de Conciliation et d'Arbitrage de la Chambre de Commerce Internationale à Paris sans aucun recours aux tribunaux ordinaires par un ou plusieurs arbitres nommés conformément à ce règlement et dont la sentence a un caractère obligatoire. Le tribunal arbitral sera juge de sa propre compétence et de la validité de la convention d'arbitrage.

Fait le ___________ à _______________ en 6 (six) exemplaires.

Le Concepteur	Le Client
______________________________	______________________________

Web Site Development and Maintenance Agreement

This Agreement is entered into by and between ________, a limited liability company under the laws of ___________, registered office in __________ represented by Mr. _________________________ in his capacity as ___________, hereinafter called, "the Client",

And

____________________, a limited liability company under the laws of _________________, registered office, ___________________, represented by _________________ in his capacity as ________, hereinafter called "the Developer",

On the ______________________________

Recitals

Whereas, the Developer has experience in developing and maintaining Web sites for third Parties,

Whereas, the Client wishes to have the Developer create a Web Site for the Client and maintain such Web site for the Client, and the Developer is interested in undertaking such work,

Whereas, the Client shall employ a separate company to host its Web site,

Now, therefore, in consideration of the promises and mutual covenants and Agreements set forth herein, the Client and the Developer agree as follows:

Article 1 – Definitions

1.1 Beta Version means a working version of the Web Site recorded in executable form on the specified medium with any necessary supporting software and data, which has been fully tested by the Developer prior to delivery and which the Developer believes in good faith, to be bug-free, and to fully implement all functions called for in the Specifications.

1.2 Client Content means the material provided by Client to be incorporated into the Web Site, as listed on Schedule "C".

1.3 Development Schedule shall be as set forth in Schedule "B" to this Agreement which lists the deliverable items contracted for ("Deliverables") and the deadlines for their delivery. "Payment Schedule" shall be as also set forth in Schedule "B".

1.4 Developer Tools means the software tools of general application, whether owned or licensed to Developer, which are used to develop the Web Site.

1.5 Documentation means the documentation for the software developed by the Developer specifically for the Web Site and other material that implement the Web Site. Source materials are part of the documentation.

1.6 Enhancements mean any improvements to the Web Site to implement new features or add new material. Enhancements shall include modifications to the Web Site content to make the Web Site operate on a server system of a new ISP (see below).

1.7 Error means any failure of the Web Site (i) to meet the Specifications and/or (ii) to operate with the server system.

1.8 Final Version means a non-copy protected and unencrypted disk master of the final version of the Web Site, recorded in executable form on the specified medium with any necessary supporting software and data, as to which all development work hereunder, and corrections to the Beta Version, have been completed and which meets the Specifications.

1.9 ISP means an Internet Service Provider that maintains the Web Site on the World Wide Web portion of the Internet. The ISP may change from time to time.

1.10 Specifications for the Web Site shall be as set forth in Schedule "A" to this Agreement.

1.11 Source Materials means (i) all documentation, notes, development aids, technical documentation and other materials provided to Developer by Client for use in developing the Web Site, and (ii) the source code, documentation, notes and other materials which are produced or created by Developer during the development of the Web Site, in such internally documented form as is actually used by Developer for development and maintenance of the Web Site.

1.12 Server System means the hardware and software system owned or licensed by the ISP.

1.13 Web Site Content shall mean (i) the graphic user interface, text, images, music and other material of the Web Site developed by Developer under this Agreement which is visible to World Wide Web browsers and (ii) software (including CGI scripts and PERLSCRIPTS) developed by Developer under this Agreement to implement the Web Site.

Web Site Content shall not include Developer Tools.

1.14 Web Site means the site to be developed for Client on the graphic portion of the Internet known as the World Wide Web which is described in the Specifications.

Article 2 - Development and Delivery of Deliverables

2.1 Development. Progress Reports

Developer shall use its best efforts to develop each deliverable in accordance with the Specifications. Developer shall first prepare a design for the Web Site. This design shall include drawings of the user interface, a schematic of how to navigate the Web Site, a list of hyperlinks and other components.

All development work will be performed by Developer or its employees at Developer's offices or by approved independent contractors who have executed confidentiality and assignment Agreements that are acceptable to Client. Developer agrees that no development work shall be performed by independent contractors without the express written approval of Client.

Each week following execution of this Agreement during which any development and/or testing hereunder remains uncompleted, and whenever else Client shall reasonably request, Developer shall contact, or meet with Client's representative, and report all tasks completed and problems encountered relating to development and testing of the Web Site.

During such discussion or meeting, Developer shall advise Client in detail of any recommended changes with respect to remaining phases of development in view of Developer's experience with the completed development. In addition, Developer shall contact Client's representative promptly by telephone upon discovery of any event or problem that will materially delay development work, and thereafter, if requested, promptly confirm such report in writing.

CONTRAT TYPE

2.2 Delivery

Developer shall deliver all deliverables for the Web Site within the times specified in the Development Schedule article and in accordance with the Specifications.

2.3 Manner of Delivery

Developer agrees to comply with all reasonable requests of Client as to the manner of delivery of all deliverables, which may include delivery by electronic means.

2.4 Delivery of Source Materials

Upon request by Client, but in no event later than the delivery of the final version, Developer shall deliver to Client all source materials.

Article 3 - Testing and Acceptance, Effect of Rejection

3.1 Testing and Acceptance Procedure

All deliverables shall be thoroughly tested by Developer and all necessary corrections as a result of such testing shall be made, prior to delivery to Client. Upon receipt of a Deliverable, Client shall have a period of ______ days within which to test the item ("the Acceptance Period") and to notify Developer in writing of its acceptance or rejection based on its test results with respect thereto.

If Client has not given notice of rejection within the Acceptance Period, the deliverable will be deemed to be accepted. No delivery of a deliverable shall be considered complete unless and until Client has received all documentation necessary to support the use and modification of the deliverable.

If Client accepts the deliverable, the milestone payment for that deliverable (set forth in Schedule "B") is then due.

3.2 Correction

If Client requests that Developer correct errors in the deliverable, Developer shall within ____ days of such notice, or such longer period as Client may allow, submit at no additional charge a revised deliverable in which such errors have been corrected.

Upon receipt of the corrected deliverable, Client shall have an additional ______ days to test the deliverable and either (1) accept it (making the milestone payment set out in Schedule "B"); or (2) request that Developer make further corrections to the deliverable to meet the Specifications and repeat the correction and review procedure set forth in this Paragraph 3.2. In the event Client determines, in its sole discretion, that

CONTRAT TYPE

the deliverable continues to include errors after three attempts at correction by Developer, Client may terminate this Agreement.

Article 4 - Other Obligations of Developer

4.1 Web Site Warranty

Developer represents and warrants that the Web Site (1) will be of high quality and free of defects in material and workmanship in all material respects and (2) will conform in all respects to the functional and other descriptions contained in the Specifications. For a period of one year after the date of acceptance of the final version by Client ("the Warranty Period"), Developer agrees to fix at its own expense any error.

4.2 Web Site Support

Developer also agrees to provide Client with the support services stated in Schedule D to maintain and update the Web Site on the World Wide Web during the warranty period at no cost to Client. Such assistance shall not exceed _______ hours per calendar month.

Article 5 – Term

This Agreement is made for a term of three years. It shall take effect on ___________ and will end on _________.

Article 6 – Price

In consideration for the service by the Developer hereunder, the Client shall pay the Developer a total amount of ________ USD VAT included.
The service shall be payable in the following manner:
20 % of the total price upon signature of the Agreement.
30 % of the total price _____ days thereafter signature of the Agreement.
50 % of the total price when the performance is being completed;

Article 8 - Payments

Client shall make payment as follows:
Payable by SWIFT bank transfer, Banker's cheque or any other means of payment that ensures the transfer of funds to the account of the Developer on the very day of the banking order or the remittance of the means of payment.

Article 9 - Penalty

Developer shall pay Client liquidated damages at the rate of 500 (five hundred) euros per week of delay.

Article 10 - Entire Agreement

The Agreement (including all exhibits attached hereto which herein are incorporated by this reference) contains the entire Agreement between the Parties with respect to the subject matter hereof and supersedes all previous negotiations, Agreements arrangements and understanding with respect to the subject matter hereof.

Article 11 - Nature of Obligations

Developer shall proceed with utmost diligence and care in carrying out all of the services specified as in these obligations in the contract.

Article 12 - Force Majeure

Performance of all or part of the contractual obligations incumbent on the Parties under the terms herein shall be deferred in the event of force majeure.

Force majeure means any event that the Parties could not be expected to foresee, that is entirely beyond the control of the defaulting Party, and that prevents the obligations of the Agreement from being performed as originally intended.

The Parties agree that the following in particular shall be considered cases of force majeure: war riots, fire, strike, inability to procure, and general transportation stoppage.

In the event of force majeure, as defined above, the invocating Party shall give notice to the other Party by registered letter with bill of receipt, or by telex or facsimile transmission within eight days of the event.

In the event of deferral, the term of the Agreement shall be extended accordingly.

Article 13 - Cancellation

In the event the obligations of one of the Parties don't comply with the articles referred to hereunder, the contract shall be, if required by the creditor of the said obligations, cancelled, by giving notice to such termination to the debtor of the obligations within 1 (one) week. Such notice shall serve to discharge the Parties hereto from their mutual obligations and responsibilities under this Agreement with respect to such products.

Cancellation of the contract shall be effective 10 (ten) days within the creditor's inefficient notice.

Article 14 - Amendment

Neither the Agreement nor any of its provisions may be amended, changed, modified or waived except in writing duly executed by the Party to be bound thereby.

Article 15 - Applicable Law and Authentic Text

The contract is governed by the law in force in the country where the Developer has its head office. The _______ text of this contract is authentic.

Article 16 - Competence

Any dispute arising out or in connection with this Agreement shall be settled without recourse to the courts, in accordance with the Rules of Conciliation and Arbitration of the International Chamber of Commerce, by one or more arbitrators designed in conformity with those Rules, the awards being final and binding. The arbitrator or arbitrators shall have power to rule on their own competence and on the validity of the Agreement to submit to arbitration.

Agreement made in __________, this ____________ day of ________ in 6 (six) original copies.

The Developer	The Client
____________________________	____________________________

Chapitre 8

Le contrat de production audiovisuelle

1 GÉNÉRALITÉS

- **Le contrat de production audiovisuelle** est le contrat qui lie le producteur aux auteurs d'une œuvre audiovisuelle. Cette présomption de cession des droits est très large puisqu'elle ne se limite pas à la projection en salle, mais s'étend à toutes les formes d'exploitation possibles : télévision, CD, cassettes, albums, sites web, etc. Elle ne couvre cependant pas les auteurs de compositions musicales avec ou sans paroles, ces auteurs demeurant libres de les exploiter.
- **L'œuvre audiovisuelle**. La qualité d'auteur d'une œuvre audiovisuelle appartient à la ou aux personnes physiques qui réalisent la création intellectuelle de cette œuvre.

Sont présumés, sauf preuve contraire, coauteurs d'une œuvre audiovisuelle réalisée en collaboration :

- L'auteur du scénario ;
- L'auteur de l'adaptation ;
- L'auteur du texte parlé ;

- L'auteur des compositions musicales avec ou sans paroles spécialement réalisées pour l'œuvre ;
- Le réalisateur.

Lorsque l'œuvre audiovisuelle est tirée d'une œuvre ou d'un scénario préexistant encore protégé, les auteurs de l'œuvre originale sont assimilés aux auteurs de l'œuvre nouvelle. Le fait d'accepter l'utilisation de leur œuvre ne vaut pas renonciation de ces auteurs à leurs droits d'auteurs, qu'ils peuvent exploiter librement.

L'œuvre audiovisuelle est réputée achevée lorsque la version définitive a été établie d'un commun accord entre, d'une part, le réalisateur ou, éventuellement les coauteurs et, d'autre part, le producteur.

Il est interdit de détruire la matrice de cette version.

Les auteurs ne peuvent exercer leurs droits sur l'œuvre qu'à partir du moment où elle est achevée.

1.1 Rémunération

Les auteurs ont droit à une rémunération qui est due pour chaque mode d'exploitation : cette rémunération peut être forfaitaire, mais, lorsque le public paie un prix pour recevoir communication d'une œuvre déterminée et individualisable, elle est proportionnelle à ce prix, compte tenu des tarifs dégressifs éventuels accordés par le distributeur à l'exploitant.

1.2 Obligation du producteur

Le producteur est tenu d'assurer à l'œuvre audiovisuelle une exploitation conforme aux usages de la profession et de veiller à ce que la matrice ne soit pas détruite. Il n'est pas obligé de réparer le préjudice du réalisateur tenant à la perte de notoriété du fait de la non-exploitation de l'œuvre. Tout transfert de l'œuvre audiovisuelle sur un autre type de support en vue d'un autre mode d'exploitation doit être précédé de la consultation du réalisateur.

1.3 Obligation de l'auteur

L'auteur doit garantir au producteur l'exercice paisible des droits cédés.

CONTRAT TYPE

2 Contrats types

2.1 Contribution à une œuvre multimédia

Entre les soussignés :

La société ________________, *[forme juridique]* au capital de ________________ USD, dont le siège social est à _____________ ______, enregistrée au Registre du Commerce et des Sociétés de ___________sous le numéro _____________, Représentée par M. _________________________ *[nom et qualité],*

ci-après désignée « l'Auteur »,

d'une part,

et

La société ________________, Société *[forme juridique]* au capital de ________________ USD, dont le siège social est à ______________ _____, enregistrée au Registre du Commerce et des Sociétés de _____________ sous le numéro ___________, représentée par M. _______________________ *[nom et qualité],*

ci-après dénommée « le Producteur »,

d'autre part,

Il a été convenu ce qui suit :

Préambule

Le Producteur souhaite produire une œuvre multimédia interactive et il entend demander à l'Auteur d'apporter sa collaboration à cette dernière, aux conditions fixées aux présentes.

Définition : Œuvre multimédia interactive

Par œuvre multimédia interactive, on entend l'ensemble homogène, lors de la consultation, de données de différentes natures (textes, sons, images fixes et animées) et d'une structure de navigation qui permet un accès aux diverses données.

Article premier - Objet

1.1 L'auteur s'engage à céder au producteur, dans les limites fixées au paragraphe 2.5, le droit d'utiliser l'œuvre décrite ci-après (annexe _____) pour la création d'une œuvre multimédia interactive.

Le producteur s'engage à verser en contrepartie à l'auteur la rémunération convenue ci-après pour :

- la scénarisation interactive ;
- la conception graphique ;
- la réalisation ;

de l'œuvre multimédia définie en annexe _______, en vue des exploitations précisées en annexe ________.

Si le producteur renonce par écrit à l'utilisation de l'œuvre, l'auteur est en droit de l'utiliser à d'autres fins avant même que soit échu le délai fixé à l'article 2.5. Dans ce cas, le producteur a droit au remboursement de la moitié de la rémunération convenue à l'article 3.1. Cette somme est exigible dès la conclusion d'un nouveau contrat, et au plus tard lors de la livraison de l'œuvre multimédia.

Article 2 - Droits sur l'œuvre

2.1. L'auteur garantit au producteur qu'il dispose de tous les droits sur l'œuvre mentionnée, et en particulier des droits nécessaires à la création d'une œuvre dérivée, si le scénario repose sur une œuvre préexistante. L'auteur libère le producteur de toute revendication de tiers relative aux droits sur le scénario et qui pourrait s'élever lors d'une utilisation prévue dans le contrat.

2.2. L'auteur cède au producteur de manière illimitée dans le temps et dans l'espace le droit de publier l'œuvre multimédia qu'il a créée sur CD ROM PC/ CD ROM MAC / CD ROM PC/MAC / Disquette 1.4 MO / CD-I / DVD, de l'utiliser pour la création de l'œuvre multimédia interactive, ainsi que de la traduire et de la reproduire à cette fin. Cette cession est faite à titre exclusif et pour une durée de 15 ans dès la signature du contrat. Elle ne comprend pas l'autorisation de créer une autre œuvre du même genre. Les droits moraux de l'auteur et les droits à rémunération cédés à une société de gestion collective sont réservés.

Au moment de la création de l'œuvre multimédia interactive, le producteur a le droit d'adapter le scénario dans la mesure où les conditions particulières d'une œuvre audiovisuelle l'exigent. En particulier, le titre de l'œuvre ne doit pas forcément correspondre au titre du scénario. Toutefois, ces modifications ne doivent pas nuire au message et au caractère de l'œuvre. Les révisions doivent, dans la mesure du possible, être réalisées en accord avec l'auteur.

2.3. Les parties conviennent que *[biffer la mention inutile]*

a) la réalisation de l'œuvre multimédia interactive sera confiée à ______ ;

b) le producteur choisit librement le réalisateur de l'œuvre multimédia interactive.

2.4. Sous réserve de ses droits moraux et des droits ou droits à rémunération déjà cédés à une société de gestion collective, et en ce qui concerne ses droits limités au scénario, l'auteur cède au producteur le droit illimité dans le temps et dans l'espace :

a) de retravailler le film (pour l'établissement de différentes versions) ;

b) de le traduire à partir de la version originale par postsynchronisation (doublage) ou sous-titrage ;

c) de le reproduire sur des vidéogrammes ou sur d'autres supports de données ;

d) de le proposer au public, de l'aliéner ou de le mettre en circulation de quelque manière que ce soit ;

e) d'intégrer l'œuvre dans un produit multimédia et de mettre celui-ci en circulation.

Pour le reste, l'auteur conserve ses droits sur l'œuvre.

2.5. Le producteur n'est pas tenu de faire usage des droits qui lui sont concédés par le présent contrat. Toutefois, si dans les cinq ans à compter de la signature du contrat, le producteur n'a pas fait usage du droit d'utiliser l'œuvre pour la création d'une œuvre multimédia interactive et que la remise de l'œuvre n'a pas été effectuée, tous les droits cédés par ce contrat reviennent à l'auteur sans qu'aucune des parties ne soit redevable d'un dédommagement.

Le producteur est habilité à prolonger ce délai à huit ans au plus. S'il veut faire usage de ce droit, il doit en avertir l'auteur par écrit avant l'échéance du délai de cinq ans. Dans ce cas, il accorde à l'auteur, par année de prolongation, une rémunération supplémentaire s'élevant à 10% de la rémunération de base prévue à l'article 4.1 par année de prolongation.

2.6. L'auteur a le droit d'être nommé dans la forme et dans l'ordre usuel dans les écrans types de l'œuvre multimédia ainsi que dans toute la publicité relative à l'œuvre multimédia.

Article 3 – Rémunération

3.1. Le producteur s'engage à verser à l'auteur une rémunération de USD ______

Cette rémunération sera versée de la manière suivante:

- à la conclusion du contrat : __________ USD ;
- à l'acceptation de la version remaniée : ___________ USD.

L'auteur obtient en outre le remboursement des frais suivants : transport, hôtel, restauration, etc.

3.2. Le paiement de cette rémunération compense toutes les cessions de droits énumérées à l'article 2 du présent contrat, sous réserve de la disposition suivante.

3.3. L'auteur a en outre droit aux redevances perçues par des sociétés de gestion de droits d'auteur (par exemple, la SACEM), en particulier aux redevances pour les droits de diffusion ou les droits multimédias, pour autant que celles-ci soient dues à l'auteur sur la base des contrats de membres et des règlements de répartition applicables dans chaque cas. Lors de ventes aux diffuseurs le producteur réserve les droits de diffusion qui doivent être rémunérés par le biais des sociétés de gestion.

3.4. Sur tous les autres produits d'exploitation, l'auteur a droit à une participation de ____ % des recettes nettes, pour autant que celles-ci soient supérieures au total de la part non couverte des coûts de production (investissement du producteur) et du montant représentant l'excédent des coûts de production effectifs par rapport au budget et supporté par le producteur.

Sont considérés comme recettes nettes au sens de cette disposition les montants encaissés par le producteur, déduction faite :

- des redevances de droits d'auteur dévolues à la production et versées par une société de gestion collective ;
- d'une éventuelle commission du vendeur de 25% au maximum, versée à un agent ou à un distributeur ;
- des frais effectifs de transport, d'assurance, de douane et des taxes fiscales ;
- des frais effectifs du producteur pour la publicité relative à l'exploitation du film.

CONTRAT TYPE

Si le producteur se charge lui-même de la vente, il peut prétendre au montant de la commission du vendeur.

3.5. Si l'auteur publie, sur la base du scénario utilisé dans le cadre du présent contrat, une œuvre dérivée sous la forme d'un ouvrage, le producteur a droit à un cinquième du bénéfice net. L'article 2.5 est réservé.

3.6. Les primes et les prix qui sont décernés explicitement au scénario reviennent à l'auteur.

3.7. Le producteur établit à la fin de chaque année civile un décompte des dépenses et des recettes résultant de l'exploitation de l'œuvre. Il le remet spontanément à l'auteur et lui verse la part qui lui revient au plus tard jusqu'au _________ *[mois]* de l'année suivante. Le producteur s'engage à tenir une comptabilité en bonne et due forme de l'exploitation du film et à permettre à l'auteur ou à une fiduciaire mandatée par lui d'avoir accès aux livres de comptes et aux pièces justificatives.

Article 4 - Autres dispositions

4.1. Les parties s'engagent réciproquement à mettre à disposition les documents nécessaires à l'application des droits découlant du présent contrat.

4.2. Pour être valable, toute modification apportée au présent contrat requiert la forme écrite.

4.3. La nullité éventuelle d'une disposition du présent contrat ne met pas en cause la validité du reste du contrat.

Article 5 - Loi applicable. Texte original

Le contrat est régi par la loi du pays où le Producteur a son siège social. Le texte _________ *[indication de la langue]* du présent contrat fait foi comme texte original.

Article 6 - Compétence

Il est fait attribution pour tout litige éventuel aux tribunaux compétents du siège du Producteur, celui-ci pourra cependant, lorsqu'il sera demandeur, porter le litige devant les tribunaux compétents du siège de l'Auteur.

Fait le _______________ à _______________ en 6 (six) exemplaires.

L'Auteur	Le Producteur
____________________________	____________________________

Multimedia Work Agreement

Between

________, a limited liability company under the laws of _____, registered office in ______________, represented by Mr. ______________ ________ in his capacity as Managing Director, hereinafter called, "the Author",

And

____________________, a limited liability company under the laws of ________________, registered office, in ________________, represented by Mr. ________________ in his capacity as CEO, hereinafter called "the Producer",

Preamble

The Producer wishes to create an interactive multimedia work and wishes to ask the Author to contribute to it, in consideration of the promises and mutual covenants and Agreements.

Definition - Interactive Multimedia work

Interactive Multimedia work shall mean the graphic user interface, text, images, music and other material of the work developed by Author under this Agreement to implement the work.

Now, therefore, in consideration of the promises and mutual covenants and Agreements set forth herein, the Author and the Producer agree as follows:

Article 1 – Object

The Author undertakes to grant to the Producer, within the limits laid down in section 2.5, the right to use the work described hereinafter for the creation of a multimedia work such as:

- Interactive scenario
- Graphic creation
- Development of the multimedia work defined hereunder in appendix _____.

In consideration thereof, the producer undertakes to pay the Author the remuneration agreed hereinafter (Article 3).

CONTRAT TYPE

If the Producer relinquishes in writing the right to use the work submitted, the Author is entitled to use it for other purposes even before the expiry of the deadline laid down in Art. 2.5. In this case, the Producer is entitled to reimbursement of half the remuneration agreed in Art. 2.6. This sum is payable when the new contract is concluded, but no later than the beginning of delivery of the work.

Article 2 - Rights in the Work

2.1. The Author guarantees to the Producer that it has all the rights in the work mentioned, and in particular the rights necessary for the creation of a derived work if the multimedia work is based on a pre-existing work. The author releases the Producer from any claim from third parties on the rights to the script and which might arise as part of a use covered by the provisions of the contract.

2.2. The Author assigns to the Producer without limitation of either time or space the right to release on CD ROM PC/ CD ROM MAC / CD ROM PC/MAC / floppy disk 1.4 MO / CD-I / DVD the work it has created, to use it to make a multimedia work and also to translate it and reproduce it for that purpose. For a period of 15 (fifteen) years from the date of signing this contract, this assignment is granted on an exclusive basis. It does not include the authorization to create another work of the same kind after the multimedia work has been released (remake). The Author's moral rights and the rights to remuneration granted to an Authors' Rights Society are reserved.

During the making of the multimedia work, the Producer is entitled to adapt the work if needed. In particular, the title of the multimedia work does not necessarily have to correspond with the title of the work. However, these modifications must not be detrimental to the message and character of the work. The revisions must as far as possible be carried out in Agreement with the Author.

2.3. The Parties agree that: *[cross out the option not applicable]*

a) The direction of the work will be entrusted to ______________________ _______ *[Authors' Society for Audiovisual Works];*

b) The Producer is free to choose the project director of the multimedia work.

c) ...

2.4. Without prejudice to rights, moral rights or rights to remuneration having already been assigned to an Authors' Rights Society, and as regards his/her rights limited to the script, the Author exclusively grants to the Producer the right unlimited in either time or space:

a) To copy it on video tapes any or other data medium.

b) to make it available to the public, to dispose of it or circulate it in any manner whatsoever.

c) to incorporate the work into a multimedia product and release it.

Any other rights in the work are retained by the Author.

2.5. The Producer is not obliged to use all the rights granted to him/her by this contract. However, if within five years from the date of signing the contract, the Producer has not availed itself of the right to use the work to create a multimedia work, all the rights granted under this contract revert to the Author without compensation being due from either Party. The Producer is authorized to extend this period to a maximum of eight years. If he/she wishes to avail himself/herself of this right, he/she must give notice in writing of this to the Author before the expiry of the five years period. In this case, the Producer must grant the Author additional remuneration amounting to 10% of the basic remuneration specified in Art. 4.1, per year extended.

2.6. The Author is entitled to be named in the usual form and order in the credits on the screen models as well as in any advertising for the work.

Article 3 – Remuneration

3.1. The Producer undertakes to pay the author a remuneration of ________________ USD.

This remuneration will be paid as follows:

- At the conclusion of the contract: ______________ USD
- On acceptance of the revised version ______________ USD.

In addition, the Author will be reimbursed for the following expenses:

____

____

____

____

3.2. The payment of this remuneration covers all rights granted as set out in Art. 2 of this contract, subject to the following condition.

3.3. The Author has the right to receive payments collected by Authors' Rights Societies

CONTRAT TYPE

And in particular the royalties collected for multimedia rights to the extent that these are due to the Author on the basis of members' contracts and distribution payments applicable in each case. For any sales the Producer reserves the broadcast rights through Internet that will be remunerated through Authors' Rights Societies.

3.4. In respect of all other exploitation income, the Author is entitled to a share of ________% of net receipts to the extent that these exceed the total of the remainder of the production budget non covered (Producer's investment), and the amount representing the production costs in excess of the budget and which are payable by the Producer.

The amounts collected by the Producer are considered as net receipts for the purposes of this clause, after deduction of:

- Authors' rights' fees arising from the production and paid through an Authors' Rights society.
- Any commission from the Author up to a maximum of 25% paid to an Agent or Distributor.
- Declared costs for transport, insurance, customs and revenue taxes.
- Declared costs borne by the Producer for advertising relating to the multimedia work's exploitation.

If the producer looks after the sale itself, it can claim the amount of the Author's commission.

3.5. If the Author publishes a derive multimedia work based on the work created within the terms of this contract, the Producer is entitled to a fifth of the net profit. (Art. 2.5. is reserved.)

3.6. Awards and prizes that are explicitly given to the multimedia work will go to the Author.

3.7. At the end of each calendar year, the Producer will prepare a schedule of expenses and income from the exploitation of the multimedia work it will automatically present this to the Author and pay the amount due to it no later than the end of the following __________ *[month]*. The Producer undertakes to keep proper accounts of the exploitation of the multimedia work and allow the Author or trustee duly appointed by it to have access to accounting records and supporting documents.

Article 4 - Other Provisions

4.1. The Parties mutually undertake to make available the necessary documents for the application of the rights arising from this contract.

4.2. To be valid, any amendment made to this contract must be in writing.

4.3. **Any nullity of a clause in the contract does not call into question the validity of the rest of the contract.**

Article 5 - Applicable Law and Authentic Text

The contract is governed by the law in force in the country where the Producer has his head office. The ________ *[language]* text of this contract is authentic.

Article 6 - Competence

The competent court of the place where the Producer has its registered office shall have jurisdiction in any action arising out of this contract. Provided always that if the Producer is the plaintiff, it may bring his action before the competent court of the place the Author has its registered office.

Agreement made in ______________, this ________ day of __________, in 6 (six) original copies.

The Author ______________________________

The Producer ______________________________

CONTRAT TYPE

2.2 Contrat pour auteurs de scénarios

Entre les soussignés :

La société ________________, *[forme juridique]* au capital de ________________ USD, dont le siège social est à ________________ ____, enregistrée au Registre du Commerce et des Sociétés de ___________sous le numéro _____________, Représentée par M. __________________________ *[nom et qualité],*

ci-après désignée « l'Auteur »,

d'une part,

et

La société ________________, Société *[forme juridique]* au capital de ________________ USD, dont le siège social est à ________________ ____, enregistrée au Registre du Commerce et des Sociétés de ______________ sous le numéro ____________, représentée par M. ________________________ *[nom et qualité],*

ci-après dénommée « le Producteur »,

d'autre part,

Il a été convenu ce qui suit :

Article premier - Objet du contrat

1.1 L'Auteur s'engage à céder au Producteur, dans les limites fixées à l'article 2, le droit d'utiliser l'œuvre décrite ci-après pour la création d'un film.

1.2 Le Producteur s'engage à verser en contrepartie à l'Auteur la rémunération convenue ci-après.

Article 2 – Œuvre et remaniement

2.1 L'Auteur a écrit un scénario portant le titre : ______________________ *[cas du scénario original]*

CONTRAT TYPE

________________________, basé sur ________________________ *[cas d'une œuvre préexistante].*

2.2. Le Producteur a pris connaissance de cette oeuvre, dans sa version du ______________ *[date et numéro de version].*

2.3. Les parties conviennent d'un remaniement de l'œuvre dans le sens suivant *[biffer la variante inutile]*:

- **Variante 1 (remaniement par l'Auteur d'origine) :**
  L'Auteur entreprendra lui-même les modifications et livrera l'œuvre remaniée au plus tard le ________________ *[indiquer date]* ;
- **Variante 2 (remaniement par un tiers) :**
  Le Producteur a le droit de confier le remaniement de l'œuvre à un coauteur. L'œuvre remaniée doit être soumise à l'Auteur qui décide seul si son nom peut continuer à être utilisé.

2.4. Si le Producteur renonce par écrit à l'utilisation de l'œuvre, l'Auteur est en droit de l'utiliser à d'autres fins avant même que soit échu le délai fixé à l'article 3.5. Dans ce cas, le Producteur a droit au remboursement de la moitié de la rémunération convenue à l'article 4.1. Cette somme est exigible dès la conclusion d'un nouveau contrat, et au plus tard au début du tournage.

Article 3 - Droits sur l'œuvre

3.1. L'Auteur garantit au Producteur qu'il dispose de tous les droits sur l'œuvre mentionnée, et en particulier des droits nécessaires à la création d'une œuvre dérivée, si le scénario repose sur une œuvre préexistante. L'Auteur libère le Producteur de toute revendication de tiers relative aux droits sur le scénario et qui pourrait s'élever lors d'une utilisation prévue dans le contrat.

3.2. L'Auteur cède au Producteur de manière illimitée dans le temps et dans l'espace le droit de publier l'œuvre qu'il a créée (scénario), de l'utiliser pour la création d'un film, ainsi que de la traduire et de la reproduire à cette fin. Pour une durée de 15 (quinze) ans dès la signature du contrat, cette cession est faite à titre exclusif. Elle ne comprend pas l'autorisation de créer une autre œuvre du même genre après la sortie du film (remake). Les droits moraux de l'Auteur et les droits à rémunération cédés à une société de gestion collective sont réservés.

Au moment de la réalisation du film, le Producteur a le droit d'adapter le scénario dans la mesure où les conditions particulières d'une œuvre audiovisuelle l'exigent. En particulier, le titre du film ne doit pas forcément correspondre au titre du scénario. Toutefois, ces modifications ne doivent pas nuire au message et au caractère de l'œuvre. Les révisions doivent, dans la mesure du possible, être réalisées en accord avec l'auteur.

3.3. Les parties conviennent que *[biffer la mention inutile] :*

a) la réalisation du film sera confiée à ________ .

b) le Producteur choisit librement le réalisateur du film.

c) *[autre choix]*____.

3.4. Sous réserve de ses droits moraux et des droits ou droits à rémunération déjà cédés à une société de gestion collective, et en ce qui concerne ses droits limités au scénario, l'Auteur cède au Producteur de manière illimitée dans le temps et dans l'espace le droit de :

a) retravailler le film (pour l'établissement de différentes versions) ;

b) le traduire à partir de la version originale par postsynchronisation (doublage) ou sous-titrage ;

c) le reproduire sur des vidéogrammes ou sur d'autres supports de données ;

d) le proposer au public, l'aliéner ou le mettre en circulation de quelque manière que ce soit ;

e) le présenter, le projeter, ou le faire voir ou entendre de quelque manière que ce soit ;

f) le diffuser à la télévision ou par un moyen semblable, le retransmettre, ainsi que faire voir ou entendre l'œuvre diffusée ;

g) utiliser des personnages, des photos, etc., apparaissant dans le film à d'autres fins commerciales (marchandisage) ;

h) intégrer l'œuvre dans un produit multimédia et de mettre celui-ci en circulation.

Pour le reste, l'Auteur conserve ses droits sur l'œuvre.

3.5. Le Producteur n'est pas tenu de faire usage des droits qui lui sont concédés par le présent contrat. Toutefois, si dans les cinq ans à compter de la signature du contrat, le Producteur n'a pas fait usage du droit d'utiliser l'œuvre pour la création d'une œuvre audiovisuelle (film) et que le tournage n'a même pas débuté, tous les droits cédés par ce contrat reviennent à l'auteur sans qu'aucune des parties ne soit redevable d'un dédommagement.

Le Producteur est habilité à prolonger ce délai à huit ans au plus. S'il veut faire usage de ce droit, il doit en avertir l'Auteur par écrit avant l'échéance du délai de cinq ans. Dans ce cas, il accorde à l'auteur, par année de prolongation, une rémunération supplémentaire s'élevant à

10% de la rémunération de base prévue à l'article 4.1 par année de prolongation.

3.6. L'Auteur a le droit d'être nommé dans la forme et dans l'ordre usuels dans le générique de début et/ou dans le générique de fin du film ainsi que dans toute la publicité relative au film.

Article 4 - Rémunération

4.1. Le Producteur s'engage à verser à l'Auteur une rémunération de __________ USD

Cette rémunération sera versée de la manière suivante:

- A la conclusion du contrat : _________ USD ;
- A l'acceptation de la version remaniée (Art. 2.3, *variante 1*) : ____________ USD.

L'Auteur obtient en outre le remboursement des frais suivants :

____

____

____

4.2. Le paiement de cette rémunération compense toutes les cessions de droits énumérées à l'article 3 du présent contrat, sous réserve de la disposition suivante.

4.3. L'Auteur a en outre droit aux redevances perçues par des sociétés de gestion de droits d'Auteur *[SACEM par exemple],* en particulier aux redevances pour les droits de diffusion ou les droits multimédias, pour autant que celles-ci soient dues à l'Auteur sur la base des contrats de membres et des règlements de répartition applicables dans chaque cas. Lors de ventes aux télé diffuseurs en pays A, B, C et D, le Producteur réserve les droits de diffusion qui doivent être rémunérés par le biais des sociétés de gestion.

4.4. Sur tous les autres produits d'exploitation, l'Auteur a droit à une participation de _____ % des recettes nettes, pour autant que celles-ci soient supérieures au total de la part non couverte des coûts de production (investissement du Producteur) et du montant représentant l'excédent des coûts de production effectifs par rapport au budget et supporté par le Producteur.

Sont considérés comme recettes nettes au sens de cette disposition les montants encaissés par le Producteur, déduction faite :

- des redevances de droits d'Auteur dévolues à la production et versées par une société de gestion collective ;

CONTRAT TYPE

- d'une éventuelle commission du vendeur de 25% au maximum, versée à un agent ou à un distributeur ;
- des frais effectifs de copie, sous-titrage ou synchronisation ;
- des frais effectifs de transport, d'assurance, de douane et des taxes fiscales ;
- des frais effectifs du Producteur pour la publicité relative à l'exploitation du film.

Si le Producteur se charge lui-même de la vente, il peut prétendre au montant de la commission du vendeur.

4.5. Si l'Auteur publie, sur la base du scénario utilisé dans le cadre du présent contrat, une œuvre dérivée sous la forme d'un ouvrage, le Producteur a droit à un cinquième du bénéfice net. La publication de l'ouvrage n'est possible qu'après la sortie du film. L'article 3.5 est réservé.

4.6. Les primes et les prix qui sont décernés explicitement au scénario reviennent à l'auteur.

4.7. Le Producteur établit à la fin de chaque année civile un décompte des dépenses et des recettes résultant de l'exploitation du film. Il le remet spontanément à l'Auteur et lui verse la part qui lui revient au plus tard jusqu'au *[mois]* de l'année suivante. Le Producteur s'engage à tenir une comptabilité en bonne et due forme de l'exploitation du film et de permettre à l'Auteur ou à une fiduciaire mandatée par lui d'avoir accès aux livres de comptes et autres pièces justificatives.

Article 5 - Autres dispositions

5.1. Les parties s'engagent réciproquement à mettre à leur disposition les documents nécessaires à l'application des droits découlant du présent contrat.

5.2. Pour être valable, toute modification apportée au présent contrat requiert la forme écrite.

5.3. La nullité éventuelle d'une disposition du présent contrat ne met pas en cause la validité du reste du contrat.

Article 6 - Loi applicable. Texte original

Le contrat est régi par la loi du pays où le Producteur a son siège social. Le texte __________ *[indication de la langue]* du présent contrat fait foi comme texte original.

Article 7 - Compétence

Il est fait attribution pour tout litige éventuel aux tribunaux compétents du siège du Producteur. Celui-ci pourra cependant, lorsqu'il sera demandeur, porter le litige devant les tribunaux compétents du siège de l'Auteur.

Fait le ____________ à _______________ en 6 (six) exemplaires.

L'Auteur	Le Producteur
____________________________	___________________________

Contract for Scriptwriters

Between

_________, a limited liability company under the laws of ______, registered office in ________________, represented by Mr. __________________ ________ in his capacity as Managing Director, hereinafter called, "the Writer",

And

_____________________, a limited liability company under the laws of __________________, registered office, in ____________________, represented by Mr. ________________ in his capacity as CEO, hereinafter called "the Producer",

Article 1 - Object of The Contract

1.1 The Writer undertakes to grant to the Producer, within the limits laid down in section 3, the right to use the work described hereinafter for the creation of a film.

1.2 In consideration thereof, the Producer undertakes to pay the Writer the remuneration agreed hereinafter.

Article 2 - Work and Revision

2.1 The Writer has written a script (work) entitled:

____ *[title of the work]*

based on ______________________________________ *[pre-existing work, etc].*

2.2 The Producer became aware of this work in its version of ____ *[version/date].*

The Parties agree on a revision of the work as follows:

____.

- **Version 1 (Revision by the Original Author):**
  The Writer will undertake the amendments himself/herself and will deliver the revised work by _________ *[date].*
- **Version 2 (Revision by a Third Party)**
  The Producer is entitled to entrust the revision to a co-writer. The revised work must be submitted to the original Writer who alone can decide if his/her name can continue to be used.
  [Cross out the version not applicable]

2.4 **If the Producer relinquishes in writing the right to use the work submitted, the Writer is entitled to use it for other purposes even before the expiry of the deadline laid down in Art. 3.5. In this case, the Producer is entitled to reimbursement of half the remuneration agreed in Art. 4.1. This sum is payable when the new contract is concluded, but no later than the beginning of shooting.**

Article 3 - Rights in The Work

3.1 **The Writer guarantees to the Producer that he/she has all the rights in the work mentioned, and in particular the rights necessary for the creation of a derived work if the script is based on a pre-existing work. The Writer releases the Producer from any claim from third Parties on the rights to the script and which might arise as part of a use covered by the provisions of the contract.**

3.2 **The Writer assigns to the Producer without limitation of either time or space the right to publish the work he/she has created (script), to use it to make a film and also to translate it and reproduce it for that purpose. For a period of 15 (fifteen) years from the date of signing this contract, this assignment is granted on an exclusive basis. It does not include the authorization to create another work of the same kind after the film has been released (remake). The Writer's moral rights and the rights to remuneration granted to an Authors' Rights Society are reserved.**

During the making of the film, the Producer is entitled to adapt the script to the extent that the particular conditions of an audio-visual work require. In particular, the title of the film does not necessarily have to correspond with the title of the script. However, these modifications must not be detrimental to the message and character of the work. The revisions must as far as possible be carried out in Agreement with the Writer.

3.3 **The Parties agree that:** ***[cross out the option not applicable]***

a) The direction of the film will be entrusted to ____________________
[Authors' Rights Society]

b) The Producer is free to choose the director of the film.

c) ...

3.4 **Without prejudice to rights, moral rights or rights to remuneration having already been assigned to an Authors' Rights Society, and as**

CONTRATYPE

regards his/her rights limited to the script, the Writer exclusively grants to the Producer the right unlimited in either time or space:

a) To rework the film (to make different versions).

b) To translate it from the original version by post-synchronization (dubbing) or sub-titling.

c) To copy it on video tapes any or other data medium.

d) To make it available to the public, to dispose of it or circulate it in any manner whatsoever.

e) To present it, project it, or have it seen or heard in any manner whatsoever.

f) To transmit it on television or similar means, to retransmit it so as to have the work seen or heard.

g) To use characters, photos, etc. appearing in the film for other commercial purposes (merchandising).

h) To incorporate the work into a multimedia product and release it.

Any other rights in the work are retained by the Writer.

3.5 The Producer is not obliged to use all the rights granted to him/her by this contract. However, if within five years from the date of signing the contract, the Producer has not availed himself/herself of the right to use the work to create an audio-visual work (film) and shooting has not yet even begun, all the rights granted under this contract revert to the Writer without compensation being due from either Party.

The Producer is authorized to extend this period to a maximum of eight years. If he/she wishes to avail himself/herself of this right, he/she must give notice in writing of this to the Writer before the expiry of the five years period. In this case, he/she must grant the Writer additional remuneration amounting to 10% of the basic remuneration specified in Art. 4.1, per year extended.

3.6 The Writer is entitled to be named in the usual form and order in the credits at the beginning and/or end of the film as well as in any advertising for the film.

Article 4 – Remuneration

4.1 The Producer undertakes to pay the Writer a remuneration of ________________ USD.

This remuneration will be paid as follows:

- At the conclusion of the contract: ______________ USD.
- On acceptance of the revised version (Art. 2.3, *version 1*): ______________ USD.

In addition, the Writer will be reimbursed for the following expenses:

____

____

____

4.2 **The payment of this remuneration covers all rights granted as set out in Art. 3 of this contract, subject to the following condition.**

4.3 **The Writer has the right to receive payments collected by Authors' Rights Societies and in particular to the royalties collected for broadcasting or multimedia rights to the extent that these are due to the Writer on the basis of members' contracts and distribution payments applicable in each case. For any sale to television stations in countries A, B, C and D, the Producer reserves the broadcast rights that will be remunerated through Authors' Rights Societies.**

4.4 **In respect of all other exploitation income, the Writer is entitled to a share of ________% of net receipts to the extent that these exceed the total of the remainder of the production budget non covered (Producer's investment), and the amount representing the production costs in excess of the budget and which are payable by the Producer.**

The amounts collected by the Producer are considered as net receipts for the purposes of this clause, after deduction of:

- **Authors' rights' fees arising from the production and paid through an Authors' Rights Society**
- **Any commission from the Writer up to a maximum of 25% paid to an Agent or Distributor**
- **Declared costs for film print, sub-titling or synchronization**
- **Declared costs for transport, insurance, customs and revenue taxes**
- **Declared costs borne by the Producer for advertising relating to the film's exploitation.**

If the Producer looks after the sale himself/herself, he/she can claim the amount of the seller's commission.

4.5 **If the Writer publishes a derivative prose work based on the work created within the terms of this contract, the Producer is entitled to a fifth of the net profit. Publication of the prose cannot be made until after the film has been released. Art. 3.5. is reserved.**

4.6 **Awards and prizes that are explicitly given to the script will go to the Writer.**

4.7 At the end of each calendar year, the Producer will prepare a schedule of expenses and income from the exploitation of the film. He/She will automatically present this to the Writer and pay the amount due to him/her no later than the end of the following month. The Producer undertakes to keep proper accounts of the exploitation of the film and allow the Writer or trustee duly appointed by it to have access to accounting records and supporting documents.

Article 5 - Other Provisions

5.1 The Parties mutually undertake to make available the necessary documents for the application of the rights arising from this contract.

5.2 To be valid, any amendment made to this contract must be in writing.

5.3 Any nullity of a clause in the contract does not call into question the validity of the rest of the contract.

Article 6 - Applicable Law and Authentic Text

The contract is governed by the law in force in the country where the Producer has its head office. The ________ *[language]* text of this contract is authentic.

Article 7 - Competence

The competent court of the place where the Producer has his registered office shall have jurisdiction in any action arising out of this contract. Provided always that if the Producer is the plaintiff, he may bring his action before the competent court of the place the Author has its registered office.

Agreement made in __________, this __________ day of __________, in 6 (six) original copies.

The Writer	The Producer
______________________________	______________________________

Chapitre 9

Les contrats commerciaux électroniques

1 Généralités

Le commerce électronique connaît un développement exponentiel et se présente de plus en plus comme l'outil de vente indispensable pour toute entreprise de pointe.

On ne compte plus, aux États-Unis, les pharmacies ou les parfumeurs en ligne : le web permet au fabricant, et le cas échéant aux distributeurs et revendeurs, d'internationaliser leur réseau à moindre coût, d'optimiser leurs bases de données, de simplifier et d'accélérer la démarche du client.

Ainsi, la complémentarité entre sites physiques et sites électroniques devient progressivement incontournable au fur et à mesure de la « virtualisation » de l'économie mondiale.

1.1 Le contrat de vente sur clic

1.1.1 Définitions

Le contrat est associé au commerce en ligne, notamment à l'achat de logiciels par Internet ou à leur téléchargement.

Lorsque le cyberconsommateur tente de télécharger un logiciel, le contrat d'achat apparaît habituellement dans une boîte de dialogue sur son écran d'ordinateur.

De fait, les nouvelles technologies ont donné naissance à un nouveau type de commerce, qui permet de réaliser des ventes à distance entre un vendeur et un acheteur qui ne sont pas physiquement présents à la transaction : le commerce électronique. Pour les internautes, l'Internet est ainsi devenu une immense vitrine qui leur permet de comparer les caractéristiques et prix de différentes marques, et ce dans différents pays, le tout sans bouger de chez eux. Séduisante, cette nouvelle méthode d'acquisition rencontre de plus en plus d'adeptes. La directive européenne du 8 juin 2000 sur le commerce électronique, transposée en France par la Loi pour la confiance dans l'économie numérique du 21 juin 2004, assure une certaine sécurité juridique pour les contrats conclus par les consommateurs. Ces dispositions n'ont cependant vocation qu'à s'appliquer en France et dans le cadre de l'Union européenne. En effet, en achetant sur un site marchand étranger, le consommateur se soumet en principe à la législation du pays concerné. Seront cependant soumis à la loi française les sites marchands qui dirigent expressément leurs activités commerciales vers la France (sites étrangers en langue française).

1.1.2 Points sensibles

Quelles protections sont accordées en France au cyberconsommateur face à un cybercommerçant (vendeur professionnel) ?

- Les obligations d'information du cybervendeur

Dans un souci de protection du consommateur, la législation française impose aux vendeurs de faire apparaître plusieurs informations sur les sites de commerce électronique dès lors qu'ils proposent aux internautes d'acquérir en ligne des biens ou des services. Le cybervendeur est tenu d'informer le consommateur en quelle qualité il intervient (professionnel ou particulier) et d'indiquer son identité complète (nom, prénom ou nom de la société, adresse postale et électronique, numéro de téléphone). Par ailleurs, s'il s'agit d'un professionnel assujetti aux formalités d'inscription au registre des commerces et des sociétés ou au répertoire des métiers, le vendeur doit faire apparaître le numéro de son inscription, son capital social et l'adresse de son siège social. Le vendeur est également tenu de fournir au cyberconsommateur un certain nombre d'informations relatives :

- aux caractéristiques essentielles du bien ou du service proposé à la vente ;
- au prix de vente du bien en euros, si celui-ci s'entend toutes taxes comprises, et à la somme qui devra effectivement être payée par le consommateur ;
- à la durée de la validité du prix et de l'offre qui y est associée ; aux modalités de paiement (carte bancaire, chèque, etc.), de livraison ;
- aux frais de livraison.

Ces informations doivent être communiquées dans la langue du contrat de manière claire et compréhensible et être rappelées lors de la livraison du véhicule. Enfin, le vendeur est tenu de s'assurer que le cyberclient a bien pris connaissance de ses obligations.

- Les obligations du cybervendeur liées à l'exécution du contrat

Dès réception de la commande du consommateur, le vendeur est tenu d'en accuser réception par voie électronique. Enfin, le législateur a prévu que le vendeur restera engagé par l'offre qu'il a émise tant qu'elle sera accessible par voie électronique « de son fait ».

- La conclusion du contrat : double clic obligatoire

Le cybervendeur doit offrir la possibilité au consommateur de vérifier le détail de sa commande ainsi que son prix total, et de corriger d'éventuelles erreurs : c'est le principe du « double clic » ou du « panier ». En pratique, le consommateur devra valider une première page récapitulant sa commande ; à ce stade, une modification est toujours possible. Une nouvelle page lui sera ensuite proposée. La commande devient définitive lors de la validation de cette seconde page.

- Le droit de rétractation

Les dispositions légales françaises permettent au cyberconsommateur d'exercer son droit de rétractation dans un délai de 7 jours francs (délai minimal également imposé dans le cadre de l'Union européenne).

1.2 Le contrat de location d'espace publicitaire sur Internet

1.2.1 Généralités

Ce modèle de contrat s'applique lorsque l'éditeur web s'engage envers l'annonceur à fournir des services de location d'un espace publicitaire sur son site web et, s'il y a lieu, de conception d'une annonce publicitaire, moyennant bonne et valable considération.

La publicité sur Internet doit respecter les principes d'identification (de l'annonceur comme de la publicité elle-même) : elle doit être loyale, véridique, honnête et décente ; elle doit, enfin, respecter la dignité humaine.

1.2.2 Points sensibles

Parmi les points spécifiques liés à l'Internet, on notera que le bureau de vérification de la publicité (BVP), pour ce qui est du droit français, demande que soient prises en compte la dimension planétaire des réseaux électroniques et la diversité des destinataires potentiels des messages. Pour ce faire, elle demande aux annonceurs et aux professionnels du marketing d'être particulièrement attentifs à ce qu'aucun message ne puisse être perçu comme pornographique, violent, raciste ou sexiste.

Le BVP demande aux annonceurs et aux professionnels de la publicité de prendre en compte la spécificité du public, des enfants et adolescents.

On a déjà vu pour les sites de l'État que la récolte de données sur les internautes était un souci permanent. Ce souci est également partagé par le BVP. Le BVP impose des règles de transparence et demande aux annonceurs et aux professionnels du marketing d'informer les utilisateurs des motifs pour lesquels ils recueillent et utilisent des données personnelles. On notera qu'il n'en interdit pas l'usage mais impose une obligation d'information. Cependant, le BVP indique que l'utilisateur doit avoir la possibilité de refuser le transfert de données à d'autres annonceurs ou aux professionnels du marketing et que, pour ce faire, des mécanismes en ligne doivent être mis en œuvre pour que l'utilisateur puisse exercer ce droit. Le BVP demande également que l'utilisateur ait un accès aux données qui le concernent, et qu'il puisse demander le cas échéant de rectifier, compléter ou bloquer ces données. On notera enfin que la loi « Informatique et libertés » impose des mentions spécifiques relatives au traitement de données nominatives ou indirectement nominatives, et que le BVP encourage les annonceurs et les professionnels à afficher sur le site leur politique en matière du respect de la vie privée.

Le BVP aborde la question du spamming à la manière de la Commission européenne dans le projet de directive sur le commerce électronique. Elle ne condamne pas par nature le spamming mais demande que toute publicité non sollicitée « *et adressée par courrier électronique soit identifiée comme telle d'une manière claire et non équivoque dès sa réception par le destinataire* ». Elle demande également, comme cela existe pour les « boîtes aux lettres analogiques », que ne soit adressé aucun message non sollicité aux internautes qui en auraient expressément exprimé le souhait. Enfin, elle demande que les annonceurs et les professionnels du marketing mettent à disposition des utilisateurs des mécanismes leur permettant de faire savoir qu'ils refusent d'être spammés.

Le BVP prend en compte une donnée fondamentale de la publicité sur Internet, celle des coûts de communication supportés par l'internaute. En effet, lorsque la cible marketing regarde la télévision, prend son courrier dans sa boîte aux lettres, récupère un prospectus sur le pare-brise de son véhicule, il ne lui est imposé aucune charge financière. Sur Internet, pour la récolte des courriers électroniques comportant des messages publicitaires, comme pour l'usage de certaines publicités en ligne, l'internaute supporte le plus souvent le coût des communications téléphoniques de base. Dans l'hypothèse où il existerait « *des frais d'accès à un message ou à un service excédant le prix de la communication de base* », il reviendra à l'annonceur ou aux professionnels du marketing d'informer clairement l'utilisateur.

1.3 Le contrat de distribution sur Internet

1.3.1 Généralités

Ce modèle de contrat s'applique lorsque le fabricant désire assurer la vente de ses produits sur le réseau Internet par l'entremise d'un distributeur, lequel achète les produits du fabricant à rabais et les revend à profit.

1.3.2 Spécificités

La distribution sur Internet ne doit pas se limiter à la simple mise en place d'un site vitrine présentant les produits de la marque et offrant la possibilité de les acquérir.

Elle doit veiller à l'existence d'une structure logistique, efficace et économiquement viable, capable de respecter les obligations du contrat de vente conclu sur Internet, ainsi qu'une bonne gestion des stocks et une exécution du contrat dans les délais convenus.

2 CONTRATS TYPES

CONTRAT TYPE

2.1 Le contrat de vente sur clic

Article premier - Termes du contrat électronique - Identification des parties et date d'effet du contrat

Le présent contrat engage le consommateur, l'acheteur, ou à défaut l'utilisateur de services sur le site web _____ d'une part et la Société_______ d'autre part.

La date d'effet du présent contrat est prévue selon les conditions ci - dessous.

Article 2 - Procédure d'acceptation du contrat électronique – Signature - Erreurs et corrections

Important : le consommateur, l'acheteur ou à défaut l'utilisateur du site web est engagé par les termes et conditions du présent contrat. Il reconnaît en avoir pris connaissance. S'il les accepte, il clique sur « J'accepte » dans la case ci-dessous.

Cette action a la même valeur que la signature du consommateur et indique qu'il a accepté les termes et conditions du présent contrat et qu'il a l'intention d'être lié par ces derniers.

En cas d'erreur dans les termes et conditions du présent contrat ou, à défaut, en cas de désaccord, le consommateur clique dans la case « désaccord » du browser pour effectuer une correction, ou à défaut, sur la touche « annuler » pour quitter le site web.

Article 3 - Engagement- documents contractuels du contrat électronique

Par la présente, le consommateur consent à échanger des informations à la société _________, soit par e-mail, soit par Internet. Par ailleurs, le consommateur reconnaît que ce contrat électronique engageant le consommateur et la Société _________ a la même valeur qu'un écrit.

Article 4 - Prix & Affranchissement

Les prix affichés sur le site web incluent le montant de la TVA pour chaque produit, selon les lois applicables ______ (dans le pays). La livraison est en sus. Pour plus de précisions, cliquez ici ________.

CONTRAT TYPE

Article 5 - Confirmation de la commande

Une fois la commande confirmée par le Consommateur, un e-mail lui sera envoyé, résumant l'ensemble de sa commande. Dès que la commande est prête à être envoyée au consommateur, le montant de la commande sera débité de sa carte de crédit.

Article 6 - Livraison

La société fera son possible pour livrer les produits commandés dans un délai raisonnable. En cas d'impossibilité, elle en avisera le consommateur en lui proposant soit un délai supplémentaire, soit un produit de valeur équivalente en échange. Par ailleurs le consommateur a la possibilité d'annuler la commande dans les termes de l'article 7, et si la carte de crédit a été débitée, la provision serait à nouveau créditée.

Article 7 - Droits de rétractation (pour les pays membres de l'Union européenne)

Le consommateur dispose d'un délai de rétractation de sept jours à compter de la réception par lui du bien commandé ou de l'exécution du service. La société __________ s'engage à lui rembourser les sommes versées, et ce sans frais, dans un délai maximum de 30 jours. Pour ce faire, le consommateur doit écrire à la société et retourner immédiatement à ses frais le produit dans son emballage d'origine.

Article 8 - Informations nominatives

Pour le bon déroulement de la commande, les données nominatives collectées feront l'objet d'un traitement informatique, le consommateur reconnaît en avoir connaissance. À ce titre, les informations le concernant peuvent être communiquées aux partenaires commerciaux de la société. Le consommateur peut s'opposer à cette communication en écrivant à l'adresse suivante : ________. Le consommateur dispose également d'un droit d'accès et de rectification à l'égard de toute information le concernant figurant dans les fichiers de la société __________. Ce traitement informatique a fait l'objet d'une déclaration auprès de la CNIL, portant le numéro suivant __________.

Article 9 - Paiement sécurisé

Pour prendre connaissance de notre dispositif sur le paiement sécurisé, cliquez ici ________.

Article 10 - Limitation de responsabilité

En cas d'erreur manifeste entre les caractéristiques du produit et sa représentation, la Société ________ ne saurait être tenue pour responsable.
En cas d'achats à titre professionnel, la Société ________ n'encourra aucune responsabilité pour tous dommages indirects du fait des présentes, perte d'exploitation, perte de profit, perte de chance, dommages ou frais, qui pourraient subvenir du fait de l'achat des produits.

Article 11 - Loi applicable

Le contrat est régi par la loi du pays où la Société ______ a son siège social.

Internet Clikwrap Agreement (Business to Consumer)

Article 1 - E-Contract Terms Identifying Contracting Parties and effective date

This Agreement is between you, the purchaser of the products or services on this Web Site *[you]* and *[insert company name]*. "We" and "Us" means both you and the Company. The effective date of this Agreement is when you accept this Agreement in accordance with the procedure set out below.

Article 2 - E-Contract Acceptance Procedure, Signature and Error Correction Terms

Important: your purchase of goods and services on this Web Site is subject to legally binding terms and conditions. Carefully read all of the applicable terms and conditions as set out below.
If you accept these terms and conditions, type "I accept" in the box below. That action is the equivalent of your signature and indicates your acceptance of the terms and conditions and that you intend to be legally bound by them. If there's an error in the terms and conditions or if you do not agree with them, please click on the back button of your browser to make a correction or click on the cancel button below to exit this Web Site.

Article 3 - E- Contract Terms Consenting to Electronic Documents

You hereby consent to the exchange of information and documents between Us electronically over the Internet or by email, if to You to *[insert address of Internet user]* or if to Company *[insert address of Company]* and that this Agreement in electronic form shall be the equivalent of an original written paper agreement between Us.

Article 4 - Price & Postage

Prices shown on this site include VAT, where and to the extent that VAT is required to be applied to the product under ________ VAT law. Delivery charges are extra. Please click here for full details.

Article 5 - Order Confirmation

After you have confirmed your order we will send an email to you summarising each order you have placed. When your order has been packaged and is about to be posted to you, we will debit your payment card with the total cost of your order.

Article 6 - Deliveries

The Company will make every reasonable effort to deliver the products you have ordered within the delivery timeframe applicable at the time of order. If this is not possible, the Company will notify you and at your option agree a different delivery period or provide a substitute product of equivalent value. Alternatively, you may cancel your order in which case, if your payment card has been debited, the Company will refund you the purchase price.

Article 7 - Rights of Consumer (EU only)

You may cancel your purchase at any time within seven (7) days of receipt and receive a refund of the price paid. To do this you must inform the Company in writing and return the purchased product(s) immediately, in the same condition you received them and at your own cost and risk.

Article 8 - Data Protection

To obtain full details of Company's Data Protection/Privacy Policy, click here "_".

Article 9 - Payment Card Security Policy

To obtain full detail of our payment card security policy, click here "__".

Article 10 - Limitation of Liability

The Company ______ will not be liable to customer: for any loss of profit, administrative inconvenience, disappointment, or indirect or consequential loss or damage arising out of any problem in relation to the products you ordered which was not within our reasonable contemplation as a probable result of a breach of contract on our part at the time that our contract with you was concluded.
Where performance of any obligations to the customer is prevented, frustrated or impeded by any circumstance or caused beyond our reasonable control.

Article 11 - Applicable Law

The Contract is governed by the law in force in the country where the Company______ has his head office.

CONTRAT TYPE

2.2 Le contrat de location d'espace publicitaire sur Internet

Entre les soussignés :

La société ________________, *[forme juridique]* au capital de ________________ euros, dont le siège social est ________________, enregistrée au Registre du Commerce et des Sociétés de ___________ sous le numéro ______________, représentée par M. __________________________ *[nom et qualité]*,

ci-après désignée « l'Annonceur »,

d'une part,

et

La société ________________, Société *[forme juridique]* au capital de ________________ euros, dont le siège social est ________________, enregistrée au Registre du Commerce et des Sociétés de ______________ sous le numéro ____________, représentée par M. ________________________ *[nom et qualité]*,

ci-après dénommée « l'Éditeur » éditeur du site web,
(le fabricant et le distributeur ci-après collectivement appelés « les parties »)

d'autre part.

Préambule

Considérant que l'annonceur désire placer une annonce publicitaire sur le site web de l'éditeur ;
Considérant que l'éditeur accepte de louer à l'annonceur un espace publicitaire sur son site web et de lui fournir divers services ci-après décrits ;
Considérant que les parties désirent confirmer leur entente par écrit ;
Considérant que les parties ont la capacité et la qualité d'exercer tous les droits requis pour la conclusion et l'exécution de l'entente constatée dans le présent contrat ;

En conséquence de ce qui précède, les parties conviennent de ce qui suit :

Article 1 - Préambule

Le préambule fait partie intégrante du présent contrat.

Article 2 - Objet

L'éditeur accepte de louer à l'annonceur un espace publicitaire sur le site web de ____ et dont l'adresse URL est http:///_______ (ci-après appelé « le site web ») afin qu'y apparaisse une annonce publicitaire, conformément aux spécifications qui se trouvent en annexe « __ » du présent contrat (ci-après appelées « les spécifications »).

L'éditeur s'engage aussi à fournir les services de conception de l'annonce publicitaire conformément aux spécifications.

Article 3 - Prix et facturation

3.1 - Prix

En considération de la location de l'espace publicitaire et des autres services, l'annonceur doit payer à l'éditeur le prix indiqué dans les spécifications, plus toutes les taxes applicables.

3.2 - Facturation

Toute facture de l'éditeur est envoyée à l'annonceur à l'adresse indiquée dans les spécifications ou à toute adresse que l'annonceur peut communiquer à l'éditeur après la signature du présent contrat.

3.3 - Termes et conditions de paiement

Le prix est payable par l'annonceur à l'éditeur selon les termes et conditions de paiement spécifiés en annexe « _ ».

Article 4 - Dispositions particulières

Chacune des parties reconnaît que la personne qu'elle désigne dans les spécifications (après avis donné à l'autre partie) la représente et a toute autorité pour poser les actes, prendre les décisions et donner les autorisations requises en vue de l'exécution du présent contrat.

Article 5 - Obligations de l'annonceur

L'annonceur s'engage et s'oblige envers l'éditeur à :
a) fournir l'annonce publicitaire dans la forme et à l'intérieur des délais prévus dans les spécifications, à moins que l'annonceur n'ait requis les services de l'éditeur pour la conception de l'annonce publicitaire ;
b) porter à l'éditeur toute sa collaboration et lui fournir toute l'information prévue pour assurer l'exécution des services à être fournis ;
c) rapporter sans délai à l'éditeur tout problème porté à sa connaissance et concernant :

- le fonctionnement du serveur web ;
- l'affichage du site web ;
- l'affichage de la page web contenant l'annonce publicitaire ;
- l'affichage de l'annonce publicitaire.

d) l'annonceur est seul responsable du contenu de l'annonce publicitaire et des dommages pouvant découler de son utilisation ou de son affichage ;
e) l'annonceur doit coopérer avec l'éditeur si ce dernier est mis en cause ou partie dans une procédure judiciaire intentée par une tierce personne qui allègue une faute de l'éditeur liée à la présence, à l'utilisation ou à l'affichage de l'annonce publicitaire ou à des informations qui y sont contenues, et indemniser l'éditeur de toute condamnation monétaire en capital et intérêts ainsi que tous les frais judiciaires et extrajudiciaires que l'éditeur peut encourir en conséquence ;
f) l'annonceur ne peut céder à un tiers aucun de ses droits dans le présent contrat – incluant, sans limitation, ceux relatifs à l'espace publicitaire – sans le consentement écrit de l'éditeur ;
g) l'annonceur doit payer le prix des services de l'éditeur et payer de tout service additionnel qu'il pourrait requérir ultérieurement à la signature du présent contrat.

Article 6 - droits et obligations de l'éditeur

a) l'éditeur met à disposition de l'annonceur sur son site web toute la place nécessaire à l'exécution des moyens publicitaires, dans la limite fixée aux spécifications de la présente convention.
b) le serveur web sur lequel est hébergé le site web doit avoir une connexion constante avec Internet, permettant un accès ininterrompu au site web.
c) l'éditeur doit résoudre ou faire résoudre tout problème affectant le fonctionnement du serveur web ou du site web, dans les meilleurs délais

suivant la prise de connaissance du problème par l'éditeur ou suivant l'avis donné à ce dernier par l'annonceur.

d) l'éditeur s'engage enfin à remplir toutes les obligations fiscales et sociales liées à la vente de ses espaces publicitaires.

Article 7 - limitation de responsabilité et garanties

L'éditeur s'engage à mettre en œuvre tous les moyens raisonnables à sa disposition pour que l'annonce publicitaire soit publiée de façon professionnelle et efficace, selon les règles généralement reconnues par l'industrie, et conformément aux spécifications.

Article 8 - Propriété intellectuelle

L'annonceur reste propriétaire des droits intellectuels relatifs au matériel publicitaire (marques, logos, dessins, etc.) confiés à l'éditeur.

Les éléments de l'annonce publicitaire doivent être entièrement originaux et n'enfreindre aucun droit d'auteur, aucune marque de commerce et aucun autre droit, titre ou intérêt de propriété intellectuelle, appartenant à toute tierce personne.

Article 9 - Obligation de confidentialité

L'éditeur considère comme strictement confidentiel, et s'interdit de divulguer, toute information, document, donnée ou concept, dont il pourra avoir connaissance à l'occasion du présent contrat. Pour l'application de la présente clause, l'éditeur répond de ses salariés comme de lui-même. L'éditeur, toutefois, ne saurait être tenu pour responsable d'aucune divulgation si les éléments divulgués étaient dans le domaine public à la date de la divulgation, ou s'il en avait déjà connaissance antérieurement à la date de signature du présent contrat, ou s'il les obtenait de tiers par des moyens légitimes.

Article 10 - Contrefaçon

A tout instant chacune des parties sera tenue d'informer l'autre sur toute contrefaçon relative au site web et au matériel publicitaires dont elle aura eu connaissance.

Article 11 - Durée du contrat

Ce contrat est passé pour une durée de trois ans. Il prendra effet le ____________ et arrivera à son terme le _______________.

CONTRAT TYPE

CONTRAT TYPE

Article 12 - Expiration du contrat

L'annonceur sera autorisé à mettre fin à ce contrat par lettre recommandée avec accusé de réception, immédiatement et sans délai, au cas où l'éditeur ne se soumettrait pas à l'une des obligations du contrat.

Article 13 - Loi applicable. Texte original

Le contrat est régi par la loi du pays où l'annonceur a son siège social. Le texte __________ *[indication de la langue]* du présent contrat fait foi comme texte original.

Article 14 - Compétence

Toutes contestations qui découlent du présent contrat ou qui s'y rapportent seront tranchées définitivement suivant le règlement de conciliation et d'arbitrage de la Chambre de Commerce Internationale sans aucun recours aux tribunaux ordinaires par un ou plusieurs arbitres nommés conformément à ce règlement et dont la sentence a un caractère obligatoire. Le tribunal arbitral sera juge de sa propre compétence et de la validité de la convention d'arbitrage.

Fait le ________ à __________ en six exemplaires.

L'annonceur   L'éditeur

_____________   _____________

Web Ad space rental Agreement

Between

_________, a Corporation organized under the laws of *[country]*, registered office in *[place and country]*, represented by __________________ ______ in his capacity as Managing Director, hereinafter called "the Advertiser",

And

_____________________, a limited liability company under the laws of ___________________, registered office in ____________________, represented by _________________ in his capacity as ___________, hereinafter called "the Publisher"- Web Site Publisher- (The Advertiser and the Publisher hereinafter collectively referred to as the "Parties")

Preamble
Whereas the Advertise wishes to place an advertisement on the publisher's Web Site;

Whereas for good and valuable consideration, the Publisher agrees to rent to the Advertiser an ad space on his Web Site and to provide him with other services as specified herein;

Whereas the Parties wish to evidence their agreement in writing;

Whereas the Parties are duly authorized and have the capacity to enter into and perform this Agreement;

Now therefore the Parties agree as follows:

Article 1 - Preamble

The Preamble hereto shall form an integral part hereof.

Article 2 - Object

2.1 The Publisher agrees to rent to the Advertiser an Ad space ________ Web Site whose URL is http://________ (hereinafter referred to as the

CONTRAT TYPE

"Web Site") to display an advertisement agreement (hereinafter referred to as the "Ad") in accordance with the specifications attached to this Agreement as Scheduled "____" (hereinafter referred as "the specifications").

2.2 The Publisher agrees to provide the Ad design services in accordance with the Specifications.

Article 3 - Price and billing

3.1 Price

With respect to the Ad space rental and other services to be provided, the Advertiser shall pay to the publisher the price indicated in the appendix "_____", plus all applicable taxes.

3.2 Billing

The publisher shall send all invoices to the Advertiser's address indicated in the appendix "______" or to any other addresses the Advertiser may communicate to the publisher following the signing of the Agreement.

3.3 Terms and conditions of Payment

The price is payable by the Advertiser according to the terms and conditions of payment indicated in the appendix "___".

Article 4 - Special Provisions

Each party acknowledges that the person appointed in the Specifications, see appendix "__" (or any substitute following a notice sent to the other party to that effect) represents that party and has full power to act, make decisions, and give the required authorizations with respect to the execution of the Agreement.

Article 5 - Advertiser's Obligations

The advertiser undertakes and binds himself towards the Publisher as follows:

a) The Advertiser shall provide the Ad in the format and within the deadlines indicated in the specifications, unless he has retained the publisher's services for the Ad Design;

b) The Advertiser shall collaborate with the publisher and provide him all the required information necessary to ensure the execution of the services to be provided;

c) The Advertiser shall promptly report to the publisher any problem of wish he may be aware of concerning:

- Web server operation;
- Web Site display;
- Web display;
- Ad display;

d) The Advertiser is solely liable for the Ad content and for any and all damages that may ensue from its use or display;

e) The Advertiser shall defend and hold harmless the Publisher if he is called in or introduced as a party in legal proceedings instituted by a third party alleging fault on the part of the Publisher resulting from the presence, use or display of the Ad or of the information contained therein, all shall indemnify the Publisher for any monetary condemnation in capital and interests, and for any expense, including legal and attorney fee, which the publisher may incur as a consequence thereof;

f) The Advertiser may not transfer to a third party of his rights under the Agreement including without limitation the lease of the Ad space, in whole or in part, without the prior written consent of the Publisher;

g) The Advertiser shall pay the Publisher for the Ad space rental, Ad design services (if applicable), according to the terms and conditions of payment stated in the specifications.

Article 6 - Publisher's Obligations

a) The Publisher shall provide the Advertiser on his Web Site with all space necessary for the Ad within the limits of the specifications (see appendix "____") in the Agreement.

b) The Web server hosting the Web site must have a constant connection with Internet, allowing an uninterrupted access to the Web Site.

c) The Publisher shall provide the Advertiser with all data in connection with the audience rating on his Web Site.

d) The Publisher shall commit himself with any regulations in connection with the sale of Ad spaces.

Article 7 - Limits of liability

The Publisher shall proceed with utmost diligence and care in carrying out all the services specified as in his obligations in the present Agreement.

Article 8 - Intellectual property rights

The Advertiser guarantees to the Publisher that he has all the rights in the Ad work mentioned (trade mark, patent, design, etc.). The Adviser releases the Publisher from any claim from third parties on the rights to the Ad work and which might arise as part of a use covered by the provisions of the contract.

Article 9 - Confidentiality

The Publisher shall not disclose any information communicated to him by the Advertiser during the course of the Agreement and for the five years thereafter.

The Adviser shall ensure that his employees, suppliers and subcontractors comply with the above disclosure provision.

The provision does not apply to:

information already known to it, as been shown by written records, at the time of the Agreement was signed, and which was not disclosed by the Advertiser;

information already in the public domain. Or which becomes publicly available during the course of the Agreement otherwise than through the fault of the adviser;

information disclosed to the Publisher by a third Party not bound by a non disclosure Agreement with the Publisher.

Article 10 - Infringement

Each party will inform the other of any infringement of the process that is brought to its notice. The same shall apply to any failure to observe the non-disclosure provision regard the Web Site and Ad work.

Article 11 - Term

This Agreement is made for a term of _______ years. It shall take effect on _______________ and will end on ______________.

Article 12 - Termination

The Advertiser shall be entitled to terminate this Agreement by registered letter, return receipt requested, immediately and without notice in the event of The Publisher does not perform any one of the obligations under this Agreement.

Article 13 - Applicable Law and Authentic Text

The Contract is governed by the law in force in the country where the Advertiser has its head office. The ________ text of this contract is authentic.

Article 14 - Competence

Any dispute arising out or in connection with this Agreement shall be settled without recourse to the courts, in accordance with the Rules of Conciliation and Arbitration of the International Chamber of Commerce, by one or more arbitrators designed in conformity with those Rules, the awards being final and binding. The arbitrator or arbitrators shall have power to rule on their own competence and on the validity of the Agreement to submit to arbitration.

Agreement made in Paris, this _____ day of____________, in 6 (six) original copies.

The Advertiser	The Publisher
______________________________	______________________________

2.3 Le contrat de distribution sur Internet

Entre les soussignés :

La société ________________, *[forme juridique]* au capital de ________________ euros, dont le siège social est ________________, enregistrée au Registre du Commerce et des Sociétés de ___________ sous le numéro _____________, représentée par M. __________________________ *[nom et qualité]*,

ci-après désignée « le Fabricant »,

d'une part,

et

La société ________________, Société *[forme juridique]* au capital de ________________ euros, dont le siège social est ________________, enregistrée au Registre du Commerce et des Sociétés de ______________ sous le numéro ____________, représentée par M. _______________________ *[nom et qualité]*,

ci-après dénommée « le Distributeur »,
(le fabricant et le distributeur ci-après collectivement appelés « les parties »)

d'autre part,

Préambule

Le fabricant est une entreprise se spécialisant dans la fabrication de divers produits et désire assurer la distribution de tous (ou partie de) ci-après décrits sur le réseau Internet par l'entremise d'un distributeur ;

Le distributeur désire distribuer les produits ci-après décrits sur le réseau Internet suivant les termes et conditions ci-après mentionnés ;

Les parties désirent confirmer leur entente par écrit ;

Considérant que les parties ont la capacité et la qualité d'exercer tous les droits requis pour la conclusion et l'exécution de l'entente constatée dans le présent contrat ;

En conséquence de ce qui précède, les parties conviennent ce qui suit :

Article premier - Préambule

Le préambule fait partie intégrante du présent contrat.

Article 2 - Objet

Le fabricant concède au distributeur le droit de distribuer pour fin de revente les produits décrits en annexe « _____ » du présent contrat (ci-après appelés « les produits ») sur le réseau Internet, à partir du site web du distributeur, dont l'adresse URL, est http://__________.

Article 3 - Obligations du Distributeur

3.1 Obligations spécifiques

Le distributeur s'engage envers le Fabriquant à fournir les services suivants :

a) Installer sur le site web le service sécurisé et configurer une passerelle conformément aux spécifications qui se trouvent en annexe « __ » du présent contrat.

b) Concevoir, installer et configurer un panier achat virtuel, conformément aux spécifications, y incluant, mais non limitativement, la conception, l'installation et la configuration s'il y a lieu :

- des pages Web du panier d'achat ;
- des éléments graphiques du panier d'achat, y incluant non limitativement les textes, dessins, icônes, images, illustrations, photographies, tableaux et autres éléments indiqués dans les spécifications ;
- des composantes logicielles du panier d'achat, y incluant, s'il y a lieu et non limitativement, les scripts, applets, applications, programmes, fichiers exécutables, logiciels, moteurs de recherche, composantes multimédia et bases de données.

c) concevoir, installer et configurer un module d'administration du panier d'achat virtuel, conformément aux spécifications, afin de permettre au fabricant d'apporter lui-même des modifications à certains paramètres du panier d'achat (ex : prix, taux des taxes, ajout ou suppression de catégories, etc.) ;

d) procéder au rodage et aux tests de fonctionnement du panier d'achat et de la passerelle ;
e) fournir au Fabricant un nom d'utilisateur et un mot de passe lui permettant d'accéder au module d'administration du panier d'achat, en mode FTP (« File Transfer Protocol ») et Telnet ;
f) fournir au Fabricant ou aux employés désignés par celui-ci la formation requise, indiquée dans les spécifications ;
g) fournir au Fabricant l'information et la documentation relatives à l'accès et au fonctionnement de la passerelle ;
h) apporter au Fabricant un soutien technique, conformément aux spécifications.

D'autre part, le Distributeur s'engage à ce que les opérations ci-après décrites puissent s'effectuer automatiquement :

- calcul des rabais, des taxes applicables et du montant total de la commande des clients ;
- authentification des données de carte de crédit ;
- vérification de la disponibilité du crédit nécessaire afin de couvrir le montant de la commande placée par le client ;
- octroi de l'autorisation ou l'indication de la non-autorisation de la transaction ;
- en cas de non-autorisation, message indiquant le refus d'autorisation et le motif de celui-ci.

i) Le Distributeur s'engage à offrir un support logistique souple et adapté aux besoins spécifiques du fabricant pour le suivi et l'expédition des commandes. Chaque commande reçue du site web est expédiée directement par le fabricant.

j) Sur son site web, le distributeur doit offrir aux clients la possibilité de commander les produits :

- par Internet ;
- par téléphone, au moyen d'une ligne sans frais (de type 1-800) ;
- par télécopieur ;
- par courrier postal.

Toute commande prise à partir du site web du distributeur est payée en ligne au moyen d'une carte de crédit doit se faire dans un environnement informatique sécurisé.

3.2 Autres obligations

Le Distributeur s'engage à mettre tout en œuvre pour assurer la promotion et le développement des ventes des produits sur le site Internet.

Il s'engage :

a) à coopérer avec le Fabricant en lui fournissant les informations commerciales relatives au marché des produits sur le territoire et les informations concernant l'activité, en particulier les prix des produits à tous niveaux de vente ;

b) à promouvoir la vente des produits, notamment en donnant aux clients existants toutes informations relatives aux produits ;

c) à conserver les stocks adéquats de produits prêts à la vente, en commandant au Fabricant un nombre de produits suffisants pour couvrir toute commande ;

d) à transmettre par écrit au Fabricant au plus tard quinze jours avant le début de chaque trimestre ses estimations d'achats pour le trimestre, ventilés par produits ;

e) à rendre au Fabricant à la fin ou à l'expiration de ce contrat tous les documents techniques relatifs aux produits, ainsi que tous les échantillons qu'il possède des produits et qui ont pu lui être confiés ;

f) à ne pas intervenir sur les produits manufacturés par d'autres fabricants et qui sont concurrents des produits et/ou semblables à ceux-ci ;

g) à distribuer lesdits produits que sous la marque de __________.

Article 4 - Obligations du Fabricant

a) Il garantit que les produits seront des produits commercialisables de bonne qualité.

b) Il s'engage à fournir au Distributeur toutes les informations techniques et juridiques que ce dernier jugera nécessaires à la commercialisation des produits, ainsi que tous documents y ayant trait.

c) Il s'engage à fournir, à la demande du Distributeur, et aux frais de ce dernier, des techniciens choisis par le Distributeur, ayant reçu la formation la plus complète possible chez le Fabricant.

d) Si, pour une raison quelconque, le présent contrat devait prendre fin, le Fabricant serait tenu d'acheter au distributeur ses stocks de produits au prix où ce dernier les a achetés, à condition qu'ils ne soient nullement engagés.

Article 5 - Utilisation de la marque

Le Fabricant accorde au distributeur le droit de vendre ses produits sous sa marque. L'utilisation de la marque par le Distributeur pendant la durée du contrat est strictement limitée à l'objet du présent contrat.

Article 6 - Confidentialité

Le distributeur s'engage à ne pas divulguer les informations techniques, commerciales ou financières dont il pourrait avoir connaissance au cours de l'exécution du présent contrat.

Article 7 - Commandes

À condition que le Distributeur ait satisfait à toutes les obligations définies par le présent contrat, le Fabricant exécutera toutes les commandes raisonnables passées par le Distributeur. Le Fabricant mettra tout en œuvre pour exécuter toutes les commandes acceptées dans les délais mentionnés par ces commandes.

Article 8 - Propriété intellectuelle

Le Fabricant reste propriétaire des droits intellectuels relatifs aux produits (marques, logos, dessins, etc.) confiés au distributeur.
Les éléments relatifs aux produits doivent être entièrement originaux et n'enfreindre aucun droit d'auteur, aucune marque de commerce et aucun autre droit, titre ou intérêt de propriété intellectuelle, appartenant à toute tierce personne.

Article 9 - Transfert de titre et de risques

Les produits seront vendus et livrés FOB de l'usine du Fabricant complètement emballés de façon à permettre leur transport sans risque de détérioration ou d'avarie.
En ce qui concerne le transfert de titre et de risques, il se fera lors du transport à partir de l'usine du Fabricant, dès que les produits auront quitté l'usine du Fabricant.
Le Distributeur supportera les coûts de transport et d'assurance et il s'engage notamment à contracter une assurance suffisante pour couvrir les risques de transport des produits.

Article 10 - Prix et conditions de paiement

10.1 Termes de paiement

Le Distributeur doit payer au fabricant le prix des produits achetés dans ________ (____) jours suivant la date de la facture concernant lesdits produits. Toutefois, le Fabricant se réserve le droit de modifier de temps à autres lesdits termes de paiement, suivant un préavis envoyé au Distributeur, relativement aux produits commandés par ce dernier après réception dudit préavis.

10.2 Prix d'achat et rabais

Le distributeur a droit à un rabais de ____ pour cent (____%) sur le prix d'achat des produits dont la liste de prix actuellement en vigueur est en annexe « _______ » du présent contrat. Les prix peuvent faire l'objet d'une révision par le Fabricant. Dans un tel cas, la nouvelle liste de prix doit être acheminée au distributeur au moins _______ (___) jours avant l'entrée en vigueur de celle-ci.

10.3 Taxes de vente applicables

Le prix d'achat payable par le distributeur est sujet aux diverses taxes de vente applicables et à tout autre taxe pouvant devenir applicable dans le futur.

Article 11 - Volume minimum de ventes annuelles

Le Distributeur accepte d'acheter au Fabricant, durant chaque période de douze mois, un minimum de marchandises, qui correspondra à un nombre minimum d'unités de produits :
1re année : 1 million d'unités de produits ;
2e année : 2 millions d'unités de produits ;
3e année : 3 millions d'unités de produits.
Si, durant la première période de douze mois, le distributeur achète un nombre de produits supérieur aux conditions requises par le contrat pour cette période, une moitié de ces achats supplémentaires sera imputée à la seconde période de douze mois, et l'autre moitié sera imputée à la troisième période de douze mois. Les achats supplémentaires réalisés dans les mêmes conditions pendant la seconde période de douze mois seront portés au crédit du minimum annuel d'achats requis par le contrat pour la troisième période de douze mois.

Article 12 - Dispositions particulières

12.1 Représentant des parties

Chacune des parties reconnaît que la personne qu'elle désigne ci-après (après avis donné à l'autre partie) la représente et a toute autorité pour poser les actes, prendre les décisions et donner les autorisations requises relativement à l'administration et l'exécution du présent contrat :
- représentant du fabricant : _______________ (nom, téléphone, fax et e-mail) ;
- représentant du distributeur : _______________ (nom, téléphone, fax et e-mail).

12.2 Communications électroniques

Les représentants des parties peuvent communiquer entre eux par voie électronique. Dans un tel cas, les présomptions suivantes s'appliquent :

- La présence d'un code d'identification dans un document électronique est suffisante pour identifier la personne émettrice et pour établir l'authenticité du document ;
- Un document électronique contenant un code d'identification constitue un écrit signé par la personne émettrice ;
- Un document électronique ou toute sortie imprimée d'un tel document, conservée conformément aux pratiques commerciales habituelles, est considéré comme un original.

Les représentants des parties peuvent également communiquer entre eux par télécopieur.

Toute commande prise à partir du site web du distributeur et payée en ligne au moyen d'une carte de crédit doit se faire dans un environnement informatique sécurisé.

Article 13 - Durée du contrat

Ce contrat est passé pour une durée de trois ans. Il prendra effet le ________ et arrivera à son terme le ______________.

Ce contrat sera ensuite reconduit par tacite reconduction, sauf si l'une des parties y met un terme à la fin de la période de trois ans, en donnant à l'autre partie un préavis de six mois par lettre recommandée avec accusé de réception.

Les signataires acceptent de se rencontrer 8 (huit) mois avant la fin des reconductions annuelles, afin d'établir d'un commun accord les quantités minima de produits à acheter pour chacune des années pour lesquelles ce contrat sera reconduit si c'est le cas.

Article 14 - Résiliation du contrat

14.1 Le Fabricant sera autorisé à mettre fin à ce contrat par lettre recommandée avec accusé de réception immédiatement et sans délai dans les cas suivants si :

a) le Distributeur ne se soumettait à l'une des obligations du contrat ;

b) le Distributeur choisissait les produits des revendeurs sans le consentement du Fabricant ;

c) le Distributeur n'achetait pas les quantités requises par l'article 11.

14.2 À l'expiration de ce contrat,

a) Le Distributeur devra immédiatement remettre au Fabricant tous les catalogues, liste de prix, tarifs, documents alors en sa possession ;
b) Le Distributeur doit immédiatement cesser d'offrir en vente les produits du Fabricant, enlever de son site web et cesser d'utiliser les logos, marques de commerce et noms commerciaux du fabricant, enlever de son site web tous les fichiers HTML, éléments graphiques et composantes logicielles relatifs à la prise de commande des produits prêtés par le fabricant.

Article 15 - Loi applicable. Texte original

Le contrat est régi par la loi du pays où le Fabricant a son siège social. Le texte __________ *[indication de la langue]* du présent contrat fait foi comme texte original.

Article 16 - Compétence

Toutes contestations qui découlent du présent contrat ou qui s'y rapportent seront tranchées définitivement suivant le règlement de Conciliation et d'Arbitrage de la Chambre de Commerce Internationale sans aucun recours aux tribunaux ordinaires, par un ou plusieurs arbitres nommés conformément à ce règlement et dont la sentence a un caractère obligatoire. Le tribunal arbitral sera juge de sa propre compétence et de la validité de la convention d'arbitrage.

Fait le ________ à __________ en 6 (six) exemplaires.

Le Fabricant	Le Distributeur
______________________	______________________

CONTRAT TYPE

Internet Distribution Agreement

Between

________, a Corporation organized under the laws of ________ *[country]*, registered office in __________________ *[place and country]*, represented by __________________ ______ in his capacity as Managing Director, hereinafter called, "the Manufacturer",

And

____________________, a limited liability company under the laws of __________________, registered office, ____________________, represented by __________________ in his capacity as __________, hereinafter called "the Distributor",

Preamble

Whereas the Manufacturer operates a business involved in the manufacturing of various products, and wishes to have them all (or in part) distributed on the Internet by a Distributor;

Whereas the Director wishes to distribute on the Internet the products hereinafter described, as per the terms and conditions hereinafter stated;

Whereas the Parties wish to evidence their agreement in writing;

Whereas the Parties are duly authorized and have the capacity to enter into and perform this Agreement.

Now therefore the Parties agree as follows:

Article 1 - Preamble

The Preamble hereto shall form an integral part hereof.

Article 2 - Object

The Manufacturer grants the Distributor the right to distribute for resale purposes the products as described in Schedule "___" of the Agreement (thereinafter referred to as "Products") on the Internet, from the Distributor's Web Site at the URL address http://_______

Article 3 - Obligation of the Distributor

3.1 Specific services

The Distributor shall provide the Manufacturer with the following services:

a) To install a Gateway on the Secured Server and configure if pursuant to the specifications (see appendix "__" of the Agreement, hereinafter to as the specifications).

b) To design, install and configure in the Web Site a virtual shopping cart, pursuant to the Specifications, including without limitation, the design, installation and configuration if need be:

- Of the Web pages included in the shopping cart;
- Of its graphic elements including, without limitation, the text, drawings, icons, images, graphics, pictures, charts and other elements indicated in the specifications;
- Of its software components, including, where applicable but without, limitation the scripts, applets, applications, programs, exec files, software, search engines, multimedia and database components.

c) To design, install and configure and administration module for the shopping cart, pursuant to Specifications, in order to allow the Merchant to make changes himself to certain parameters of the shopping cart (e.g.: prices, tax rates, addition and removal of categories, etc.);

d) To proceed with the running-in and operational tests of the shopping cart and of the gateway;

e) To provide the Manufacturer with a username and a password to access to the administration module for the shopping cart, in FTP ("File Transfer Protocol") and Telnet modes;

f) To provide the Manufacturer and his designated employees with the training required in the Specification;

g) To provide the Manufacturer with the information and documentation respecting to the access and the operation of the Gateway;

h) To provide the Manufacturer with technical support in accordance with the Specification.

Moreover, the Distributor agrees that the following operations shall be performed automatically:

- Calculation of discounts, taxes and the total amount of customer's order;
- Authentication of credit data;
- Checking availability of the required to cover the customer's order;
- Granting authorization or refusing authorization for transactions;
- In a case of authorization, electronic confirmation of the transaction to the customer and Manufacturer, with on-line visualisation
- Where authorization is refused, a message indicating refusal and reason.

i) The Distributor shall offer a logistical support, flexible and adapted to the specific Manufacturer's needs in order to track and dispatch the orders. Each order initiated through the Web Site shall be immediately dispatched by the Manufacturer.

j) To allow the customer to order the Products from its Web Site:

- By the Internet,
- By telephone, using toll free numbers (ex: 1-800)
- By fax
- By email.

3.2 Other Services

a) The Distributor undertakes during the entire term of this Agreement to use its best effort to ensure the promotion and development of sales of the Products within the Internet Web Site.

b) It undertakes to co-operate with the Manufacturer by giving it commercial information concerning the activity of competitive Manufacturers including the prices of their Products at all levels of sales;

c) It undertakes to promote the sales of the Products in particular by giving to the existing customers all appropriate information related to the Products;

d) To maintain an adequate stock of the Products ready for sale by placing orders with the Manufacturer for a number of Products sufficient to cover any order;

e) Not later than 15 days prior to the beginning of each calendar quarter, to inform the Manufacturer in writing of its estimated purchases for such quarter, broken down by Products;

f) To return to the Manufacturer at the end or the termination of this Agreement, all technical documents relating to the Products and all samples of the Products in its possession which may have been entrusted to it;

g) Not to deal with or sell Products made by other Manufacturers and competitive with and/or similar to the Products;

h) To distribute the above mentioned Products under the mark _______

Article 4 - Obligations of the Manufacturer

a) The Manufacturer undertakes to supply the Distributor with all technical and scientific information that it deems necessary for the marketing of the Products, together with the relevant documentation.

b) It undertakes to provide, at the request of the Distributor and at the latter's expense, technicians selected by the Distributor with the most complete training possible on the Manufacturer's premises, and to provide them with the technical documentation, if any, for the execution of the functions of the Distributor in the context of the present Agreement.

c) Should the present Agreement be terminated for any reason whatsoever, the Manufacturer shall repurchase the stock of the product of which the Distributor is the owner, provided that this stock is not deteriorated in any manner, at the purchase price paid for the Products by the Distributor.

Article 5 - Use of Trademark

The Manufacturer grants to the Distributor the exclusive right to sell and market the Products under its trademark.

The use of trademark _______, during the currency of the contract, by the Distributor is strictly limited within the framework of the contract.

Article 6 - Confidentiality

The Distributor undertakes to treat as confidential all the technical, financial and commercial documentation in connection with the assignments entrusted to him.

Article 7 - Orders

Provided that the Distributor has fulfilled all its obligations arising under the present Agreement, all reasonable orders placed with the Manufacturer by the Distributor will be executed by the Manufacturer shall use its best efforts to execute any order accepted within the time periods mentioned on such order.

CONTRAT TYPE

Article 8 - Intellectual property rights

The Manufacturer guarantees to the Distributor that it has all the rights in the products mentioned (trade mark, patent, design, etc.) The Manufacturer releases the Distributor from any claim from third parties on the rights to the products which might arise as part of a use covered by the provisions of the contract.

Article 9 - Transfer of Title and Risks

The Products will be sold and delivered FOB to the Manufacturer's factory, completely packed in a manner adequate to permit their shipment without risk or deterioration or damage.

The transfer of title and of risk with regard to the Products will occur on shipment from the Manufacturer's factory as soon as the Products have left the Manufacturer's factory.

The Distributor will assume shipment and insurance costs and undertakes, in particular, to provide sufficient insurance to cover the risks of transporting the Products.

Article 10 - Prices and Conditions of Payment

10.1 Terms and Conditions of Payment

The Distributor shall pay the Manufacturer the price of the purchased Products within ___ (______) days following the said Products invoice date. However, the Manufacturer reserves his right to modify, from time to time, the said terms of payment by sending a prior notice to the Distributor relating to any product ordered by the latter after he has received the said notice.

10.2 Price list and discounts

The Distributor is entitled to a discount of _____ percent (_______ %) on the purchase price of the Products, as per the actual price list attached as Schedule _______ of the Agreement.

The prices may be revised from time to time by the Manufacturer. Therefore any new list shall be forwarded to the Distributor, at least ________ (____) days before it becomes effective.

10.3 Applicable taxes

The purchase price payable by the Distributor is subject to all applicable sale taxes and to any other taxes which may become applicable in the future.

Article 11 - Minimum Annual Sales Volumes

The Distributor agrees to make during each twelve-month period under the present Agreement minimum purchases of the Products from the Manufacturer which minimum purchases shall be for the following minimum number of units of the Products:

1st year: 1 million units of Products;

2nd year: 2 million units of Products;

3rd year: 3 million units of Products.

It being specified that half of the excess number of Products purchased by the Distributor during the first twelve-month period over the minimum annual purchase requirements for the said period will be, for the purpose calculating the annual minimum purchase requirements, carried over to the second twelve-month period, and half will be carried over to the third twelve-month period. The excess realized under the same terms during the second twelve-month period will be carried over as a credit to the minimum annual purchase requirements for the third twelve-month period.

Article 12 - Special Provisions

12.1 Parties' Representatives

Each party acknowledge that the person hereafter (following a notice sent to the other party to that effect) represents that party and has full power to act, make decisions, and give the required authorizations with respect to the management and execution of this Agreement.

- Manufacturer's Representative _____ (name, telephone, fax and e-mail).
- Distributor's Representative ________ (name, telephone, fax and e-mail).

12.2 Electronic Communications

Each party acknowledges may electronically communicate between them. Should this occur, the following presumptions shall apply:

- The presence of an identification code on the electronic document shall be sufficient to identify the sender and to establish the authenticity of the document;
- An electronic document or any printout thereof, kept in accordance with normal business practices, shall be considered as an original.

CONTRAT TYPE

The Parties' representatives may also communicate by fax between them.

Article 13 - Term

This Agreement is made for a term of three years. It shall take effect on ______________ and will end on ______________.

This contract will be extended by tacit Agreement from year to year at the end of the initial three-year period or at the end of any one of the one-year extension periods by giving six months notice to the other Party by registered letter, return receipt requested.

The Parties to the present Agreement agree to meet eight months prior to the expiration of the present contract, or as the case may be, eight months prior to the annual extensions, if any, in order to establish by mutual Agreement the minimum purchase requirements of the Products to be applicable for each of the three-year period for which the present contract shall be extended, if any.

Article 14 - Cancellation

The Manufacturer shall be entitled to terminate this Agreement by registered letter, return receipt requested, immediately and without notice in the event of:

a) The Distributor does not perform any one of the obligations under this Agreement;

b) The Distributor selects sub-distributors for the Products the prior written consent of the Manufacturer;

c) The Distributor fails to make the minimum annual purchases established by article 11;

On termination of this Agreement the Distributor shall immediately return to the Manufacturer all catalogues, price lists, tariffs documents or Products belonging to the Manufacturer then in its possession;

d) The Distributor shall immediately stop offering the Manufacturer's products for resale, withdraw from his Web Site and use no more the Manufacturer's logos and trade Mark.

The Distributor shall withdraw from the Web Site all exec files, software components including, where applicable but without, limitation the scripts, applets, applications, programs, search engines, multimedia and database components lent by the Manufacturer.

Article 15 - Applicable Law and Authentic Text

The Contract is governed by the law in force in the country where the Manufacturer has its head office. The ________ text of this contract is authentic.

Article 16 - Competence

Any dispute arising out or in connection with this Agreement shall be settled without recourse to the courts, in accordance with the Rules of Conciliation and Arbitration of the International Chamber of Commerce, by one or more arbitrators designed in conformity with those Rules, the awards being final and binding. The arbitrator or arbitrators shall have power to rule on their own competence and on the validity of the Agreement to submit to arbitration.

Agreement made in Paris, this _____ day of _____________, in 6 (six) original copies.

The Manufacturer	The Distributor
______________________________	______________________________

Bibliographie

AUDIT (Bernard), « La vente internationale de marchandises », *Convention des Nations unies du 11 avril 1980*, LGDJ, 1990.

BOYÉ (Éric), *L'anglais des contrats internationaux*, LITEC, 2e Édition, 2001.

DELEBECQUE (Philippe) et JACQUET (Jean-Michel), *Droit du commerce international*, DALLOZ, 2e Édition, 1999.

DRAETTA (Ugo) et LAKE (Ralph), *Contrats internationaux, pathologie et remèdes*, Éditions Forum européen de la communication (FEC), Bruyant, 1999.

FONTAINE (Marcel), *Droit des contrats internationaux - Analyse et rédaction de clauses,* Éditions Forum européen de la communication (FEC), Bruyant, 1989.

Mémento Pratique Francis Lefebvre, *Contrats et droits de l'entreprise*, Éditions Francis Lefebvre, 2001.

Sites Internet

CNIL
http://www.cnil.fr

Le Journal du Net
http://www.journaldunet.com

IP Mag
http://www.ipmag.com/

Lex Mercatoria.com
http://lexmercatoria.com/

AdmiNet
http://www.adminet.org/

Financial Scandals
http://www.ex.ac.uk/~RDavies/arian/scandals/

FindLaw LawCrawler
http://www.lawcrawler.com/

Forum de l'internet
http://www.foruminternet.org

Geoscopie
http://www.geoscopie.com/

Law.com
http://www.lawnewsnetwork.com/

National Law Center for Inter-American Trade, Online Latin American legal Database
http://www.natlaw.com/

Desktop Lawyer
http://www.desktoplawyer.co.uk/dt/browse/law/

Conférence de La Haye
http://www.hcch.net

Droit des technologies de l'information
http://www.juriscom.net

Duke Journal of Comparative and International Law
http://www.law.duke.edu/journals/djcil/

Electronic Journal of Comparative Law
http://www.ejcl

Utilisation du CD-ROM

Configuration requise :

PC avec processeur Pentium II 400, 128 Mo de RAM
Système d'exploitation Windows 98 ou supérieur.

Macintosh avec processeur PowerPC, 64 Mo de RAM,
Système d'exploitation MacOS 9 ou supérieur.

Les logiciels Microsoft Word 2000 ou supérieur (extension .doc), Microsoft Internet Explorer 5.x (ou supérieur) ou Netscape Navigator 6.x (ou supérieur) (extension .html) sont nécessaires à la consultation de ce CD-Rom.

Pour utiliser ce CD-Rom (environnement Windows) :

Insérez le CD-Rom dans le lecteur. La page d'index devrait s'afficher automatiquement, mais vous pouvez aussi ouvrir le CD via le poste de travail.

Vous accédez aux documents en ouvrant le fichier **index.html** et en naviguant grâce aux liens.

Pour modifier les documents, il est nécessaire de les enregistrer auparavant sur le disque dur.

Pour utiliser ce CD-Rom (environnement MacOS) :

Insérez le CD-Rom dans le lecteur.

Double-cliquez sur l'icône montée sur le bureau.

Vous accédez aux documents en ouvrant le fichier **index.html** et en naviguant grâce aux liens.

Pour modifier les documents, il est nécessaire de les enregistrer auparavant sur le disque dur.

L'éditeur ne pourra être tenu pour responsable des préjudices ou dommages de quelque nature que ce soit pouvant résulter de l'utilisation de ce CD-Rom.

Adressez vos réclamations éventuelles à : multimedia@eyrolles.com

Composé par Istria
Achevé d'imprimer : EMD S.A.S.
N° d'éditeur : 3475
N° d'imprimeur : 17272
Dépôt légal : Avril 2007

Imprimé en France

Cet ouvrage est imprimé - pour l'intérieur - sur papier Amber Graph 90 g des papeteries Artic Paper, dont les usines ont obtenu la certification environnementale ISO 14001 et opèrent conformément aux normes ECF et EMAS